MARCO POLO

Luxemburg

Reisen mit Insider Tipps

Diesen Reiseführer schrieb Wolfgang Felk. Er ist Fernsehjournalist beim Saarländischen Rundfunk und berichtet regelmäßig aus der Region.

www.marcopolo.de
Infos zu den beliebtesten Reisezielen im Internet, siehe auch Seite 102

SYMBOLE

Insider Tipp **MARCO POLO INSIDER-TIPPS:**
Von unserem Autor für Sie entdeckt

★ **MARCO POLO HIGHLIGHTS:**
Alles, was Sie in Luxemburg kennen sollten

HIER HABEN SIE EINE SCHÖNE AUSSICHT

WO SIE JUNGE LEUTE TREFFEN

PREISKATEGORIEN

Hotels		Restaurants	
€€€	über 125 Euro	€€€	über 23 Euro
€€	100–125 Euro	€€	18–23 Euro
€	bis 100 Euro	€	bis 18 Euro

Preise für ein Doppelzimmer mit Frühstück

Preise für ein Hauptgericht

KARTEN

[108 A1] Seitenzahlen und Koordinaten für den Reiseatlas Luxemburg

[U A1] Koordinaten für die Karte Luxemburg-Stadt im hinteren Umschlag

[O] außerhalb des Kartenausschnitts

Eine Karte zum Centre Européen in Luxemburg-Stadt finden Sie auf Seite 35.

Zu Ihrer Orientierung sind auch die Orte mit Koordinaten versehen, die nicht im Reiseatlas eingetragen sind.

GUT ZU WISSEN

INHALT

Die wichtigsten MARCO POLO Highlights

Sehenswürdigkeiten, Orte und Erlebnisse, die Sie nicht verpassen sollten

1. **Nationalfeiertag**
Am 22./23. Juni feiert das ganze Land und entfaltet dabei den Charme einer kleinen Monarchie (Seite 25)

2. **Corniche und Altstadt**
Der Rundgang vermittelt einen imposanten Eindruck von Lage, Geschichte und Flair der Hauptstadt (Seite 30)

3. **Grund, Clausen, Pfaffenthal**
In der Unterstadt im Tal der Alzette und Pétrusse ist die Hauptstadt noch ganz Dorf geblieben (Seite 31)

4. **MUDAM (Musée d'Art Moderne Grand-Duc Jean)**
Das neue, architektonisch eindrucksvolle Museumshighlight der Hauptstadt mit wunderbarem Blick auf die Silhouette der Altstadt (Seite 39)

5. **Echternacher Springprozession**
Im Polkarhythmus geht es zum Grab des heiligen Willibrord (Seite 50)

6. **Abteimuseum**
Mittelalterliche »Comics« aus der klösterlichen Schreibschule in Echternach (Seite 50)

7. **Esch-sur-Sûre**
Die Perle des Naturparks Obersauer in der reizvollen Ökoecke des Großherzogtums (Seite 53)

Weinbaulehrpfad Wormeldange

Corniche: der Balkon Luxemburgs

8 Ruine Bourscheid
Die schönste des Landes mit herrlichem Blick ins Tal der Sauer (Seite 56)

9 The Family of Man
Die berühmte Fotosammlung mit Motiven aus aller Welt im Schloss von Clervaux in den Ardennen (Seite 61)

10 Burg Vianden
Majestätische, mittelalterliche Burg über einem schönen Städtchen im idyllischen Tal der Our (Seite 64)

11 Industriepark Fond-de-Gras
Mit der Grubenbahn durch das Land der roten Erde (Seite 76)

12 Schengen
Das idyllische »Europadorf« an der Mosel (Seite 81)

13 Weinbaulehrpfad
In Wormeldange wandernd alles über den Luxemburger Wein erfahren – mit weiter Sicht ins Moseltal (Seite 84)

Imposant: die Burg von Vianden

14 Domaine Touristique A Robbesscheier in Munshausen
Ein Spaß für Kinder und Erwachsene: Tiere füttern, reiten, Kutsche fahren sowie mit den stämmigen Ardennerpferden säen, ackern und ernten (Seite 98)

15 Jardin des Papillons Grevenmacher
In einem botanischen Garten exotischen Schmetterlingen beim Schlüpfen und Flattern zusehen (Seite 99)

★ *Die Highlights sind in der Karte auf dem hinteren Umschlag eingetragen*

Entdecken Sie Luxemburg!

Ein traditionsbewusster Kleinstaat wird zum Wegweiser für Europa

Wollen Sie einen Luxemburger mal so richtig ärgern? Dann müssen Sie ihm nur dieses populäre Klischee auftischen: Na ja, euer kleines Großherzogtum – ein guter Platz für Banken, ein billiger Ort zum Tanken! Aber sonst … Er wird sich auf dem Absatz umdrehen – oder aber, wenn es einer von der geduldigen Sorte ist, erst mal tief Luft holen und mit einem freundlichen Lächeln zu einem längeren Vortrag anheben. Über die Größe seines Landes bzw. seine Kleinheit. Über seine Schönheit, seine Vielfalt, seine Eigenart, die einmalig ist in Europa.

Zuerst wird er natürlich von der Hauptstadt reden, der Stadt Luxemburg, wohin die meisten Touristen fahren. Er wird schwärmen von ihrer wunderbaren Lage auf einem Sandsteinmassiv hoch über dem Tal der Alzette. Dort auf dem Bockfelsen hat im Jahr 963 der Stadtgründer Graf Siegfried aus den Ardennen seine Lützelburg (»kleine Burg«) gebaut, von der Stadt und Land ihren Namen haben. Nur die Grundmauern sind übrig geblieben. Von

Luxemburg – Land der Burgen: Ein Prachtexemplar ist die mittelalterliche Viandener Hofburg

Luxemburg ist gewissermaßen das Geburtsland des vereinten Europas

diesem Felsen aus öffnet sich ein grandioses Panorama auf die Silhouette der mittelalterlichen Festungsstadt zwischen Berg und Tal (Napoleon nannte sie ehrfurchtsvoll das »Gibraltar des Nordens«), aber auch auf die moderne Satellitenstadt jenseits des Tals auf dem Kirchberg, wo die EU und neuerdings die Banken mit ihren futuristischen Renommierpalästen zu Hause sind.

Vom Bockfelsen ist es ein Katzensprung in die Altstadt, wo in einem bescheidenen Palast der Großherzog residiert – bewacht von ein, zwei paradierenden Soldaten, die permanent als lebende Attrappen für Schnappschusstouristen herhalten müssen. Und gleich um die Ecke, auf der Place Guillaume und der Place d'Armes, da mischt sich

Geschichtstabelle

2./1. Jh. v. Chr. Das heutige Luxemburg gehört mit zum Siedlungsgebiet der Kelten

58–51 v. Chr. Julius Cäsar erobert Gallien, damit gehört auch Luxemburg zum Imperium Romanum

5. Jh. n. Chr. Einfälle der Franken, Ende der Römerherrschaft, allmähliche Christianisierung durch Wandermönche

698 Gründung des Klosters Echternach durch den angelsächsischen Missionar Willibrord

963 Gründung der Stadt Luxemburg (»Lucilinburhuc«) durch den Ardennergrafen Siegfried. Mittelpunkt der neuen Grafschaft Luxemburg. Vier Luxemburger werden später deutsche Kaiser: Heinrich VII. (1308), Karl IV. (1346), Wenzel II. (1378) und Sigismund (1410)

1354 Unter Wenzel I. wird Luxemburg zum Herzogtum erhoben

1443 Herzog Philipp von Burgund erobert die Stadt

16. Jh. Luxemburg fällt während mehrerer Kriege abwechselnd an Frankreich und das deutsche Kaiserreich, wird immer weiter zur Festung ausgebaut und schließlich in die spanischen Niederlande integriert

17./18. Jh. Im »Pyrenäenfrieden« 1659 geht der Süden des Landes an Frankreich. Nach dem Spanischen Erbfolgekrieg 1713 gelangt das ganze Land an Österreich. 1795 wird es von Frankreich zurückerobert

19. Jh. 1815 kommt das Land durch die Beschlüsse des Wiener Kongresses zum Deutschen Bund, wird aber dennoch souveränes Großherzogtum. 1839 wird der wallonische Teil Luxemburgs Belgien zugeschlagen. Diese dritte Teilung wird als der Beginn der eigentlichen Souveränität empfunden, die 1867 mit dem Londoner Vertrag endgültig besiegelt wird. Seit 1890 hat Luxemburg eine eigene Dynastie (Haus Nassau-Weilburg)

20. Jh. In beiden Weltkriegen wird das Großherzogtum von deutschen Truppen besetzt, von 1940 bis 45 verliert es durch Krieg und Zwangsmaßnahmen zwei Prozent seiner Bevölkerung. 1945 Befreiung durch alliierte Truppen. 1952 wird Luxemburg Sitz der Europäischen Gemeinschaft für Kohle und Stahl und avanciert in den folgenden Jahren zusammen mit Brüssel und Straßburg zur »Europahauptstadt«

2002 Der Euro löst den Luxemburger Franc als Landeswährung ab

2007 Luxemburg (und die umliegende Großregion) ist zum zweiten Mal Kulturhauptstadt Europas

Bodenständiges mit dem Duft der großen weiten Welt: Da sieht man deutsche Banker mit Luxemburger Marktfrauen parlieren. Da schäkern englische EU-Dolmetscherinnen mit belgischen Flohmarkthändlern, da begrüßen französische Portiers holländische Hotelgäste, da drängeln sich japanische Businessmen mit einheimischen Yuppies am Tresen der schicken Cafés und Bistros. Die City der Hauptstadt ist ein richtiger Schmelztiegel der Milieus und der Nationen: Eurokraten, Banker, Geschäftsleute, die »echten« Luxemburger und die vielen portugiesischen Einwandererfamilien. Fast 40 Prozent der luxemburgischen Bevölkerung sind Ausländer, in der Hauptstadt sind es sogar über 60 Prozent, Tendenz: steigend!

» Luxemburgs City: ein Schmelztiegel der Nationen «

In der Stadt Luxemburg ist also das historische, politische, wirtschaftliche und kulturelle Zentrum des Landes. Doch wer nur die Hauptstadt besucht, so wird unser Luxemburger am Ende der kleinen Stadtführung sagen, der kennt noch lange nicht Luxemburg! Man muss auch unbedingt das Umland erleben, das ländliche Luxemburg, das ebenfalls durch seine kontrastreiche Vielfalt auf kleinem Raum besticht. Den Norden des Landes zum Beispiel, die Luxemburger Ardennen: ein sanft gewelltes Hochplateau mit tief eingeschnittenen Flusstälern, stillen Dörfern, dichten Wäldern und Burgen, immer wieder Burgen. Die eindrucksvollste ist die von Vianden im Nordosten des Landes. Zusammen mit der alten Abteistadt Echternach an der Sauer ist sie die meistbesuchte Touristenattraktion des ländlichen Luxemburg. Von dort ist es nicht weit ins breite, offene Tal der Mosel, wo ein guter, jenseits der Landesgrenzen zu Unrecht kaum bekannter Wein gedeiht. In schroffem Kontrast dazu steht der Süden des Landes, die Terres Rouges – das »Land der roten Erde« mit seiner Eisenerz- und Hüttenindustrie, bis Mitte des 20. Jhs. das große Schwungrad der Wirtschaft, bis in den Siebziger- und Achtzigerjahren die große Stahlkrise kam. Heute zeigt sich das Revier von seiner Gesundschrumpfung gut

Grüne Alleen führen in stille Dörfer und auf luftige Ardennenhöhen

erholt und präsentiert selbstbewusst seine vom Ruß befreite alte Industriekultur, deren rauer Charme auch viele jüngere Leute aus dem Rest des Landes zum Wohnen und Arbeiten anlockt.

Wie haben es die Luxemburger eigentlich geschafft, als so kleines Land eine Nation zu werden und bis heute zu bleiben? Zu verdanken haben sie dies der strategischen Bedeutung ihrer wehrhaften Burg und dem Wiener Kongress von 1815. Zuvor waren sie 400 Jahre lang wehr- und rechtloser Spielball der Großmächte Burgund, Spanien, Österreich, Frankreich, Niederlande und Preußen. Doch dann wird das Land unversehens in die Unabhängigkeit entlassen – aus strategischen Gründen und mit gehörigen Abstrichen: Die Preußen bleiben im Land stationiert, und einen eigenen Großherzog gibts auch noch nicht, das erledigt bis 1890 im »Nebenjob« der niederländische König. Erst dann bekommt Luxemburg eine eigene Dynastie: die Familie derer von Nassau-Weilburg. Der seit 2000 amtierende Großherzog Henri, sechster Spross dieser Dynastie, ist Herr über 459 000 Luxemburger. Die verteilen sich über ein Land, das gerade mal 82 km lang und 57 km breit ist, aber nach dem Zweiten Weltkrieg einen ungeahnten, von nur wenigen Krisen getrübten wirtschaftlichen Aufschwung nahm. Von der Stahlindustrie war schon die Rede, hinzu kamen die europäischen Institutionen, die geschicktes Luxemburger Management nach dem Krieg ins Land lotste. 1952 wurde Luxemburg erster provisorischer Sitz der Montanunion, der Europäischen Gemeinschaft für Kohle und Stahl, Keimzelle der EWG und der heutigen EU. Zu verdanken hat das Land dies dem gebürtigen Luxemburger und späteren französischen Ministerpräsidenten und Außenminister Robert Schuman, der zusammen mit Konrad Adenauer und Alcide de Gasperi als Gründungsvater Europas gilt. Auch die Vaterschaft des heutigen Euro kann ein Luxemburger für sich reklamieren: Pierre Werner, zwischen 1959 und 1984 mehrfach Premierminister des Landes, hat in den Siebzigerjahren schon einen detaillierten Plan zur Einführung einer europäischen Einheitswährung entworfen, der wegweisend für den Euro war. Heute ist Luxemburg zusammen mit Brüssel und Straßburg Europahauptstadt und Standort wichtiger EU-Institutionen wie des Europäischen Gerichtshofes. Treibsatz des jüngsten wirtschaftlichen Aufschwungs jedoch war der diskrete Charme des Luxemburger Bankgeheimnisses, das viel ausländisches Kapital anlockte und das die Musterknaben Europas lange gegen alle europäischen Harmonisierungsbestrebungen verteidigen konnten.

» Verwunschene, grüne Alleen, verschlafene Dörfer «

Das Resultat all dieser Aktivitäten: Die Luxemburger haben das höchste Pro-Kopf-Einkommen in Europa, sind das reichste Land Europas und das drittreichste der Welt! All dies macht so manchen wackeren Luxemburger mitunter sprachlos – obgleich er in der Regel mindestens drei Sprachen spricht: Französisch und Deutsch lernt er schon früh in der Grundschule und spricht beides oft so fließend wie

Ein Glashaus für die Kunst: Ieoh Ming Peis MUDAM in Luxemburg-Stadt

seine Muttersprache, das Lëtzebuergesche. Glückliches Luxemburg: Auch in seiner Vielsprachigkeit ist es wegweisend für Europa. Obwohl, und hier meldet sich unser sonst so stolzer Luxemburger eher skeptisch zu Wort: »Wir sprechen jede Menge Sprachen – aber keine richtig!« meint er. Und beklagt auch die träge Selbstzufriedenheit, ja Arroganz so manchen Landsmannes im vermeintlichen Schlaraffenland. Er fragt sich stattdessen bang: Wie lange wird der Boom im kleinen Land noch anhalten?

»Romantische Burgen, idyllische Flusstäler«

Wie dem auch sei: Das Großherzogtum Luxemburg ist in jeder Beziehung ein auf- und anregendes Land, in dem sich verschrobene Kleinstaaterei mit eleganter Weltläufigkeit, operettenhafter Charme mit cooler Funktionalität, französisches Savoir-vivre mit deutscher Gründlichkeit zu einer ganz besonderen Melange verbinden, die einzigartig ist in Europa. Und trotz aller Geschäftigkeit und Gigantomanie: Luxemburg ist im Grunde ein kleines, verträumtes Land geblieben, »ein kühles, grünes Märchenreich, ein Land zum Schauen, Staunen und Schnuppern«, wie ein Reisemagazin mal schrieb. Oder, um mit zwei Geistesgrößen aus Deutschland und Frankreich zu schließen: »Hier findet sich so viel Größe mit Anmut, so viel Ernst mit Lieblichkeit verbunden«, lässt sich Johann Wolfgang von Goethe vernehmen. Und sein Kollege Victor Hugo spinnt den Faden zu Ende: »Ich liebe dieses Land; zum fünften Male komme ich hier her … angezogen durch meine Träumerei und die Neigung, die ich für schöne, das heißt wilde Plätze, in mir trage.«

Ösling und Banken, Großherzog und RTL

Das kleine Land pflegt seine Eigenheiten und fördert ein grenzenloses Europa

Ardennenschlacht
Mit den Ardennen verbinden die Luxemburger nicht nur angenehme Erinnerungen: Im Winter 1944/45, während des Vormarschs der alliierten Streitkräfte gegen Nazideutschland, holte die Wehrmacht zu einem letzten Gegenschlag an der Westfront aus. In der so genannten Ardennenoffensive, die größtenteils auf Luxemburger Boden ausgetragen wurde, drang sie noch einmal bis ins belgische Bastogne vor, ehe alliierte Truppen die Deutschen endgültig zurückschlugen. Dabei kamen viele Soldaten und Zivilisten um, Städte und Dörfer, vor allem Echternach und Wiltz, wurden schwer getroffen. Von 1940 an hatten deutsche Truppen das Land besetzt, 1942 war es als »Moselgau« dem Deutschen Reich einverleibt worden. Die Besatzungszeit kostete die Luxemburger 5700 Menschenleben. Die Hälfte der Zivilbevölkerung musste evakuiert werden, etwa 4000 Menschen wurden in die deutschen Ostgebiete zwangsumgesiedelt, genauso viele kamen ins Gefängnis oder KZ, 10 000 Luxemburger wurden zur Wehrmacht, 18 000 anderweitig zwangsverpflichtet.

Die Gëlle Fra in Luxemburg-Stadt erinnert an das Leid der Luxemburger in zwei Weltkriegen

Armee
Die gibt es tatsächlich in Luxemburg! Sie besteht aus genau 1131 Männern (und Frauen). Ziemlich einmalig, zumindest in Europa: In der Freiwilligenarmee dienen nicht nur Luxemburger Staatsbürger, sondern auch Angehörige anderer EU-Nationen, sonst könnte das Großherzogtum das vorgeschriebene Natokontingent nicht erfüllen. Anreiz für die Ausländer: Nach fünf Jahren können sie Luxemburger Staatsbürger werden und in den Staatsdienst wechseln! Voraussetzung sind unter anderem die Beherrschung der deutschen und französischen und zumindest das Verstehen der Lëtzebuerger Sprache.

Banken
155 Banken aus 22 Nationen haben sich in Luxemburg niedergelassen, zumeist die Töchter großer ausländischer Finanzinstitute, die für ein Fünftel der Staatseinnahmen sorgen. Die Banken geben sich auch als generöse Sponsoren von Sport und Kultur. Sie fördern hochkarätige Festivals wie in Wiltz oder Ech-

Populär und allgegenwärtig: die Großherzogliche Familie

ternach, unterstützen die Denkmalpflege, aber auch kleinere Projekte und die Arbeit an der Basis von Künstlern oder Chören etwa. Viele Künstler im Land beklagen sich freilich oft mit Recht, dass dieser Geldsegen hauptsächlich in etablierte, häufig aus dem Ausland importierte Repräsentationskultur fließt.

Grenzgänger

Jeden Werktag pendeln aus den Nachbarländern Deutschland, Frankreich und Belgien etwa 120 000 Menschen zur Arbeit ins Großherzogtum. Grund: Der Arbeitsmarkt kann von Einheimischen gar nicht ausreichend bedient werden. Überdies werden in Luxemburg bis zu 30 Prozent höhere Gehälter bezahlt. Dafür nehmen die Pendler der »armen« Nachbarn längere Anfahrtszeiten gerne in Kauf. Die Kehrseite der Medaille: Die Pendler arbeiten zwar im Großherzogtum, nehmen aber wenig am öffentlichen Leben teil und sorgen so auch für eine Art Integrationsproblem innerhalb der Großregion Saar-Lor-Lux. Am Wochenende sorgt dann eine andere Pendlerklientel für Staus an den Grenzen: die Tanktouristen, die zum Teil ebenfalls weite Wege fahren, um sich günstig mit Benzin, Tabak und Kaffee einzudecken.

Großherzogliche Familie

Die ersten drei Großherzöge des Landes, die zwischen 1815 und 1890 das Land regierten, waren eigentlich keine »richtigen«: Das waren nämlich die Könige der Niederlande, Wilhelm I–III, die ihren Luxemburger »Job« nur so nebenbei erledigten. Das änderte sich erst, als 1890 mit Adolphe von Nassau-Weilburg der erste »eigene« Großherzog den Luxemburger Thron bestieg. Fortan war die Großherzogliche Familie ein wichtiger Faktor für die Identität des kleinen Landes. Vor allem die Großherzogin Charlotte, die von 1919 bis 1964 regierte und ihrem Land in den schweren Zeiten nach dem Ersten und vor allem im Zweiten Weltkrieg beistand, erwarb sich hohes Ansehen im Volk. Auch der amtierende Großherzog Henri, Jahrgang 1953, ist sehr beliebt bei seinen Landsleuten. Er ist verheiratet mit Maria Teresa Mestre, einer in Kuba geborenen bürgerlichen Schweizerin. Das Paar hat fünf Kinder.

Kinoland Luxemburg

Alle Welt redet von der Krise des europäischen Films – dabei verzeichnet ausgerechnet eines der winzigsten Länder Europas einen regelrechten Kinoboom. Ermöglicht hat dies das »Tax-Shelter«-Gesetz von 1989, das ausländischen Produzenten, die in Luxemburg Filme drehen, günstige finanzielle Rahmenbedingungen einräumt. So kam es, dass zuweilen Weltstars wie Gérard Depardieu, Patrick Swayze oder Cathérine Deneuve in Kostüm und Maske durch die historische Kulisse der Luxemburger Altstadt oder der Burg Vianden schritten oder Al Pacino und Jeremy Irons im »Kaufmann von Venedig« durch venezianische Filmkulissen auf dem ehemaligen Hüttengelände von Esch-sur-Alzette flanierten. Inzwischen hat der Boom etwas nachgelassen, aber im Windschatten der Großproduktionen hat sich eine starke einheimische Filmszene etabliert, die in Zusammenarbeit mit belgischen, französischen und deutschen Partnern immer mehr eigene interessante Projekte im Fiction-, Dokumentar- und Trickfilmbereich entwickelt. Seit 2007 gibts (im Oktober) auch ein eigenes Festival: *DirActor's Cut* – Filme von internationalen Regisseuren, die als Schauspieler angefangen haben.

Medienland Luxemburg

Jedes Kind in Deutschland kennt RTL. Kaum einer aber weiß, dass der Sender als »Radio Luxemburg« schon 1931 in Luxemburg gegründet wurde. In den Achtzigern wurden hier die ersten deutschsprachigen Privatfernsehprogramme produziert, und Mitte der Neunziger entstand durch Fusion mit der deutschen Bertelsmann-Tochter Ufa die RTL-Group, der größte TV-Konzern Europas. Die meisten Programme werden über das Satellitensystem Astra ausgestrahlt, dessen Betreibergesellschaft SES seit 1985 ebenfalls auf Luxemburger Boden residiert und über 14 Satelliten rund 1000 Programme in 107 Mio. Haushalte in aller Welt sendet.

Auf Nebenstraßen unterwegs

Lassen Sie sich treiben – richtig verfahren kann man sich in diesem kleinen Land nicht

Wenn Sie mit dem Auto in Luxemburg unterwegs sind: Meiden Sie die Hauptstraßen, vor allem die öde und oft verstopfte F 421 in den Norden des Landes! Nehmen Sie sich Zeit, und haben Sie den Mut, einfach von der Hauptstraße abzufahren und auf einer x-beliebigen Nebenstrecke durchs Land zu gondeln – Sie werden belohnt von verwunschenen Alleen, die in verschlafene Dörfer münden, wo die Zeit stillzustehen scheint. Oder Sie schrauben sich in Richtung Ardennen durch dunkle Wälder und über kurvige Serpentinen in die Höhe – mit herrlichen Ausblicken auf romantische Burgen oder idyllische Flusstäler, die zur stillen Rast einladen. Lassen Sie sich ruhig treiben, vielleicht auch mal ganz ohne Karte! Und wenn Sie sich am Ende hoffnungslos verfranst haben: Irgendwann treffen Sie in diesem kleinen Land wieder auf eine Hauptstraße, die Sie irgendwie ans Ziel führt.

Die größten Tageszeitungen des Landes sind das konservative »Luxemburger Wort«, das sozialistische »Tageblatt« und das liberale »Journal«. Alle erscheinen vorwiegend in deutscher Sprache, einige Artikel sind auf Französisch oder Lëtzebuergesch. An Wochenzeitungen gibt es das »Lëtzebuerger Land« (Magazin für Politik, Wirtschaft und Kultur) und auf Französisch »Le Jeudi«, auf Englisch die »Luxembourg News«. Lesenswert ist auch die für Luxemburger Verhältnisse ziemlich freche Comic-Satire-Zeitschrift »Den neie Feierkrop«.

Musikszene

Luxemburg hat eine lebendige, vielgestaltige Musikszene. Gespeist von den unzähligen Musikvereinen der Dörfer landauf, landab, »veredelt« vom Konservatorium der Hauptstadt, das von klassischer Musik über Jazz, Pop und Komposition alle Sparten pflegt und den Boden bereitet für zahlreiche Orchester, Bands und Solisten. Aushängeschild ist das *Orchestre Philharmonique du Luxembourg*, das in der neuen Philharmonie am Kirchberg eine repräsentative Spielstätte gefunden hat *(www.philharmonie.lu)*. Die Musiker des Landes profitieren auch von den vielen großen und kleinen Festivals, die vor allem in den Sommermonaten durch das ganze Land fluten. In der Hauptstadt dominieren Jazz- und Rockevents wie das große Open-Air *Rock um Knuedler* Anfang Juli auf der place Guillaume. Neben den großen *Musikfestivals in Wiltz und Echternach* gibt es noch eine ganze Reihe kleiner, stimmungsvoller Minifestivals wie die *Schubertiade* rings um den Obersauer-Stausee, die *Musique dans la Vallée* im Tal der Attert oder das *Jazz-Festival* in Esch-sur-Alzette. Nicht zu vergessen die vielen Konzerte in den schönen Kirchen des Landes.

Ösling und Gutland

Die Luxemburger nennen ihren Anteil an den Ardennen, also das nördliche Landesdrittel, das (oder den) *Ösling* (lëtzebuergesch: *Éisleck*). Die zweite charakteristische Landschaft ist das sanft gewellte *Gutland*, das sich etwa südlich der Attert und der unteren Sauer an-

Die Lehrlingsküche

Ein ungewöhnliches Dinner in Diekirch

In Diekirch gibt es ein wahrhaft ungewöhnliches Restaurant: Es heißt *An der Léier*, hat nur zweimal die Woche abends geöffnet – und das auch nur in den Wintermonaten! Es handelt sich dabei um die »Versuchsküche« der örtlichen Hotelfachschule: Azubis kochen, backen und servieren in Eigenregie. Für 40 bis 50 Euro pro Person (inklusive Getränke) gibts ein leckeres Lehrlingsmenü. Die Gäste sind begeistert. Wer daran teilnehmen will, muss sich frühzeitig anmelden. *Rue Joseph Merten, Okt.–März Do/Fr ab 18.30 Uhr, Tel. 808 79 11*

Ein Vers einer Hymne auf die erste Eisenbahn wurde zum Luxemburger Motto

schließt und die restlichen zwei Drittel des Landes einnimmt.

Patriotismus

In einem so kleinen, oft bedrohten Land neigten viele, vor allem auch die Dichter Ende des 18. Jhs., zu einem geradezu pathetischen Patriotismus. Aus *De Feierwon,* einer Hymne auf die erste Eisenbahn Anno 1859 von Michel Lentz, stammt zum Beispiel jene viel zitierte Schlusszeile, aus welcher der Stolz über die in dieser Zeit erlangte Unabhängigkeit des Landes spricht: »Kommt hiér aus Frankreich, Bèlgie, Preisen, mir kennen iéch ons Hémecht weisen, frot dir no alle Seiten hin: Mir wölle bleiwe, wat mir sin.« – »Kommt her aus Frankreich, Belgien, Preußen, wir können euch unsere Heimat zeigen. Fragt nach allen Seiten hin: Wir wollen bleiben, was wir sind!« Auch Luxemburgs Nationalhymne *Ons Hémecht* stammt aus der Feder von Lentz. Heute pflegen Schriftsteller wie Roger Manderscheid, Guy Rewenig oder Nico Helminger die literarische Tradition Luxemburgs – aber wesentlich kritischer als ihre patriotischen Vorfahren.

Sprachen

Lëtzebuergesch, die Muttersprache (und tägliche Umgangssprache) der Luxemburger, ist eigentlich ein moselfränkischer Dialekt, der ähnlich auch in den Grenzregionen der Nachbarländer gesprochen wird. Nichtsdestoweniger wurde er 1984 zur Nationalsprache erhoben. Französisch und Deutsch sind neben dem Lëtzebuergesch gleichberechtigte Verwaltungssprachen.

Staatsform

Das Großherzogtum Luxemburg ist eine konstitutionelle Erbmonarchie. Staatsoberhaupt ist der Großherzog, der jedoch die Regierungsgeschäfte dem Premierminister und seinem Kabinett überlässt. Gewählt wird alle fünf Jahre. Für alle Luxemburger über 18 besteht Wahlpflicht! Die drei Distrikte Diekirch, Grevenmacher und Luxembourg sind in zwölf Kantone unterteilt.

Kochkäs und Grande Cuisine

Die Luxemburger mögens deftig und raffiniert zugleich

Luxemburg ist ein kulinarisches Schlaraffenland, in dem sich schon auf den Tellern gutbürgerlicher Restaurants deutsche Deftigkeit und Fülle mit französischem Raffinement paaren. Und die zahlreichen Meister der Grande Cuisine brauchen den Vergleich mit dem benachbarten Frankreich ebenfalls nicht zu scheuen: Von 750 Restaurants im Land haben neun einen oder zwei Michelinsterne.

Die traditionelle Luxemburger Küche ist eher einfach und rustikal – aber mit eigenem Reiz. Nicht nur einfache Landgasthöfe, auch viele ambitionierte Restaurants bieten Luxemburger Spezialitäten wie *Judd mat Gaardebounen* an. Wer die heimische Küche mal auf ganz hohem Niveau probieren will, der sollte in Lea Linsters Letzebuerger Kaschthaus in Hellange reservieren.

In der gutbürgerlichen Restaurantküche, vor allem in ländlichen Gasthäusern, dominieren traditionelle Gerichte wie *escalope de veau* (Kalbsschnitzel) oder *entrecôte* (Zwischenrippenstück vom Rind), alles jedoch durchweg sehr fein zubereitet und reichlich garniert. Ehrgeizige Nachwuchsköche wie die Jeunes Restaurateurs d'Europe versuchen, die bodenständige Küche feiner und leichter zu machen – mit einfachen oder raffinierten Gerichten aus frischen Produkten der Region.

Die Kombination von edlen und rustikalen Zutaten macht den Reiz der Luxemburger Küche aus

Hinzu kommt das kulinarische Kontrastprogramm der asiatischen, südamerikanischen und vor allem der italienischen Küche. In der Hauptstadt und im Süden des Landes laufen sich die Pizzabäcker, aber auch die Edelitaliener gegenseitig den Rang ab, wer die beste und größte Portion Pizza oder Pasta serviert, wer den besten Fisch oder das raffinierteste *dolce* in seiner Küche zaubert. Und überall, vor allem natürlich in Luxemburgs City, schießen auch immer mehr trendige, chic gestylte Lokale aus dem Boden, die Restaurant mit innovativer, experimentierfreudiger Küche, Café, Bar, Lounge und Musikclub in einem sind. Dort und in den meisten anderen Lokalen im ganzen Land gibt es auch ein *plat du jour*, ein günstiges Mittagsgericht oder kleines Menü, für 10–15 Euro.

In dieser gastfreundlichen Atmosphäre gedeiht natürlich auch die gehobene Gastronomie. Übers

Luxemburger Spezialitäten

Lassen Sie sich diese Köstlichkeiten gut schmecken!

Bouneschlupp – grüne Bohnensuppe mit Kartoffeln, Mehlschwitze und Essig

Buff – Luxemburger Kräutermagenbitter

Dännesprözendrepp – Likör aus Tannennadeln, soll gut gegen Husten sein

Éislecker Ham – feiner Ardenner Schinken, entweder gekocht serviert oder auf traditionelle Weise geräuchert, im Idealfall über Buchen- und Wacholderholz

Fierkelsjhelli – Sülze vom Spanferkel

Friture (Fritür) – frittierte Moselfischchen, beliebt als kräftige Unterlage für eine Weinprobe

Judd mat Gaardebounen – geräucherter Schweinekamm mit weißen Bohnen, sozusagen das rustikale Nationalgericht der Luxemburger

Kachkéis – Kochkäse, mit Milch, Butter, Eigelb und Kräutern verrührt und mit Senf garniert auf Butterbrot serviert

Kriepsen – Flusskrebse, meist in Gemüse-Weißwein-Sud gedünstet

Kromperenzalod med Wierschdelscha – Kartoffelsalat mit Würstchen

Kuddelfleck – Kutteln, meist in Gemüsebrühe gegart

Nessdrepp – Nusslikör, eine Spezialität aus Vianden

Quetschetaart – Pflaumenkuchen, wird wie andere Obstkuchen gern als Nachtisch gegessen

Rosport – einziges Luxemburger Mineralwasser aus eigener Quelle (bei Echternach)

Stäerzelen – Buchweizenknödel, serviert in Specksauce

Téi vum Séi – verschiedene Kräuterteesorten, angebaut und geerntet im Naturpark Obersauer

Träipen – gebratene Blutwurst, meist serviert mit Apfel-Kartoffel-Püree

Türteg – feine Kartoffel-Sauerkraut-Puffer

Viiz – süßer oder saurer Apfelmost

Wellen Ourdaller – naturtrübes Weizenbier aus dem Naturpark Our

ganze Land verteilt locken mit Sternen, Kochmützen oder Ähnlichem dekorierte Spitzenköche – allerdings auch zu Spitzenpreisen. Während man in den gutbürgerlichen Restaurants noch ein reichlich garniertes Hauptgericht um die 18–20 Euro bekommt, muss man in den Gourmettempeln schon bis zu 30 Euro pro Gang berappen, jedenfalls dann, wenn man à la carte bestellt. Immer zu empfehlen ist die Wahl eines Menüs: Da erhält man ab etwa 40 Euro einen mehrgängigen Beweis der Kunst des Küchenchefs.

Die meisten Restaurants, vor allem auf dem Land, sind alteingesessene Familienbetriebe mit ausgeprägtem Qualitätsbewusstsein. Viele betreiben gleichzeitig ein Hotel und sehen es gerne, wenn die Gäste, was ja auch bequem ist, bei ihnen essen und übernachten. Die meisten Häuser bieten auch preislich interessante Sonderarrangements wie gastronomische Wochenenden an. In den Wintermonaten haben viele Hotels vor allem im Norden des Landes geschlossen, im Süden eher zur Schulferienzeit.

Für einen Snack, eine kleine warme Mahlzeit oder einfach nur einen Drink oder einen Kaffee empfiehlt sich der Besuch einer der kleinen Snackbars, Bistros und Cafés, die es zahlreich und mit meist originellem Ambiente vor allem in Luxemburgs City gibt. Einen Besuch wert sind auch die Konditoreien mit angeschlossenem »Salon de Thé« oder »Salon de Consommation«, wo man morgens schon gemütlich frühstücken kann und um die Mittagszeit meist auch ein kleines Tagesgericht serviert bekommt.

Bier, Wein und Schnaps produzieren (und konsumieren) die Luxemburger reichlich und gerne: Fünf Brauereien in Luxemburg-Stadt, Esch-sur-Alzette, Bascharage, Wiltz und Diekirch sorgen dafür, dass jeder Einheimische sein statistisches Quantum von 120 l Bier im Jahr abbekommt. Wein wird »nur« halb so viel gebechert, natürlich auch die eigenen Weißweine von der Mosel. Die Hälfte des Gesamtertrags von etwa 140 000 hl pro Jahr wird in Luxemburg getrunken, die andere Hälfte exportiert, fast ausschließlich nach Belgien und in die Niederlande.

Der populäre Luxemburger Schoppenwein ist der *Elbling*, eine der ältesten Rebsorten der Welt, ein sehr herbes, erfrischendes Gewächs. Der *Riesling* ist der Aristokrat unter den Rebsorten: rassig, elegant, mit viel Bukett. Der *Rivaner*, eine Kreuzung aus Riesling und Silvaner, ist mild und fruchtig, ebenso der *Pinot blanc*. Der *Pinot gris* ist körperreich und aromatisch, der *Auxerrois* fruchtig, duftig und voll. Der *Gewürztraminer* mit reichem, kräftigem Bukett ist ein typischer Aperitif oder Dessertwein. Fast alle Sorten werden in den drei Qualitätsstufen *grand premier cru*, *premier cru* und *vin classé* angeboten.

Nicht zu vergessen: die hervorragenden Sekte und Cremants (Insider Tipp) *(www.vins-cremants.lu)*. Am besten »pröbelt« und kauft man sie gleich an der Quelle: in den Sektkellereien St-Martin und St-Remy (Remich), Poll-Fabaire (Wormeldange) und Bernard-Massard (Grevenmacher). Zwei Adressen für gute Weine direkt vom Winzer: *Domaine Viticole Mathis Bastian, 29, route de Luxembourg, Remich, Tel. 23 69 82 95*, und *Sunnen-Hoffmann, 74, route du Vin, Remerschen, Tel. 23 66 40 07.*

ROSENSTIE

Moselschampus und Ardenner Schinken

Luxemburger Mitbringsel gehen meistens durch den Magen

Wegen seines hohen Preisniveaus ist Luxemburg kein Ziel für Schnäppchentouristen. Qualität hat eben ihren Preis, meinen die Luxemburger selbstbewusst. Dennoch gibt es einige profane Dinge, die billiger sind als im benachbarten Ausland, vor allem Benzin und Zigaretten. Die grenznahen Tankstellen haben sich zu regelrechten Supermärkten ausgewachsen, wo außer Tabakwaren vor allem Wein und Spirituosen, aber auch Kaffee und Parfums en masse angeboten werden.

Echte Weinkenner kaufen, wenns was wirklich Gutes sein soll, lieber direkt beim Winzer oder in einer Genossenschaftskellerei an der Mosel. Beliebt ist auch Éislecker Ham, Ardenner Schinken; dazu passt ein heimischer Quetsch, Mirabelle oder Prunelle, ein Obstwässerchen also, ein Nusswein oder -likör, eine Spezialität aus Vianden, oder ein Cassis aus der Burgdestille von Beaufort. Gesunde und schmackhafte Produkte aus der Region gibt es in der *Buttik vum Sei* in *Heiderscheid* im Naturpark Obersauer (Rind-, Lamm- und Schweinefleisch aus kontrollierter Zucht, Fruchtsäfte, Essig, Öle, Branntwein, Tees, Honig sowie Kräuter aus eigenem Anbau) und im *Cornelyshaff* in *Heinerscheid* im Naturpark Our.

Dauerhafter sind die hochwertigen Erzeugnisse des Luxemburger Ablegers der Porzellanmanufaktur *Villeroy & Boch* (Verkaufsausstellung in der *rue du Fossé* in *Luxemburg-Stadt*), originell auch die Keramikartikel aus dem Töpferdorf *Nospelt* nahe der Hauptstadt. Auf dem Flohmarkt am zweiten und vierten Samstag im Monat auf der *place d'Armes* in *Luxemburg-Stadt* findet man zwischen viel Allerweltströdel auch Originelles, vor allem bei belgischen Händlern.

Die Ladenöffnungszeiten in Luxemburg sind meist *Mo 14–18 Uhr (vormittags geschl.!), Di–Sa 8.30 bis 12 und 14–18 Uhr*. Die Einkaufszentren an der Peripherie der größeren Städte machen keine Mittagspause und sind durchgehend bis 20 Uhr geöffnet.

Schicke Geschäfte und Einkaufsgalerien: die Shoppingmeile Grand-rue in Luxemburg-Stadt

Feste, Events und mehr

Wenn die Luxemburger feiern, geht es mal bußfertig, mal fetzig, mal weinselig zu

Luxemburg ist ein zu 95 Prozent katholisches Land mit bäuerlicher Vergangenheit. Kein Wunder, dass die meisten Feste auf diesem Boden gewachsen sind und zum Teil schon eine lange Tradition haben. Einen guten Überblick über all die vielen ländlichen Märkte, Weinfeste und kleinen Festivals gibt der jährlich aktualisierte Festkalender des Nationalen Tourismusbüros ONT.

Ginsterkönigin in Wiltz

Offizielle Feiertage

1. Januar; Fastnachtsmontag; Ostermontag; 1. Mai; Christi Himmelfahrt; Pfingstmontag; 23. Juni *Nationalfeiertag;* **15. August;** Ende Aug./Anfang Sept. **Kirmesmontag** *(Luxemburg-Stadt);* **1. November; 2. November** *Allerseelen;* **25./26. Dezember**
Fällt der Feiertag auf einen Sonntag, gilt oft der nachfolgende Werktag als Feiertag.

Feste und Festivals

Ostern

Am Ostermontag wird in der Luxemburger Altstadt und im Insider Tipp Töpferdorf Nospelt die *Éimaischen,* das Emmausfest, gefeiert, ein traditionelles Volksfest mit Musik und Tanz, bei dem man sich »Péckvillercher« schenkt, Keramikvögel, auf denen man trillern kann.

März–Juni

Printemps Musical, klassische Konzerte, Jazz und Ballett in Luxemburg-Stadt.

Mai/Juni

Anfang Mai beginnt in Echternach das achtwöchige *Internationale Musikfestival* klassischer Musik.
In Wiltz feiert man das *Gënzefest,* das Ginsterfest, mit einem farbenfrohen Umzug mit Blumenkorso, Musik- und Folkloregruppen am Pfingstmontag.

Am Dienstag nach Pfingsten lockt die *Echternacher Springprozession* Tausende Pilger und Schaulustige an.

22./23. Juni

Am ★ *Nationalfeiertag* (23. Juni) entfaltet das Großherzogtum den ganzen Charme seiner Minimonarchie. Am Vorabend ein Fackelzug durch die Innenstadt, Feuerwerk auf dem pont Adolphe und Openairkonzerte in der ganzen Stadt. Am nächsten Morgen in der avenue de la Liberté in Anwesenheit der Großherzoglichen Familie eine Militärparade und ein festliches Hochamt in der Liebfrauenkathedrale.

Juni–September

Den ganzen Sommer über *Weinfeste* an der Mosel, das größte Anfang September in Grevenmacher.
In Luxemburg-Stadt heißt es *Summer in the City:* ein bunter Reigen von Openairveranstaltungen. *www.summerinthecity.lu*

Juli

Europäisches Freilichttheater- und Musik-Festival in Wiltz, eine hochkarätige Programmfolge von Theater, Ballett, Musical, klassischen Konzerten und Jazz. *www.festivalwiltz.lu*
In Luxemburg-Stadt am ersten Wochenende großes *Rock-Openair* auf der place Guillaume, Mitte des Monats die *Blues'n' Jazz-Rallye* auf der place d'Armes, im Grund und in Clausen.
Am dritten Wochenende Treff der Comiczeichner im Dorf Contern südöstlich der Hauptstadt: *Festival International de la Bande Dessinée. www.bdcontern.lu*
Mitte des Monats verwandeln Kunstausstellungen und Performances im **Insider Tipp** Rahmen der *Art Beaufort* Burg und Ort in ein Gesamtkunstwerk.

August

Mittelalterliche Festwoche auf der Burg Vianden mit Ritterkämpfen, Festgelagen und alter Musik.

September

Mitte des Monats Tag der Straßenkünstler *Streeta(rt)nimation* in der Fußgängerzone und am Bahnhof von Luxemburg-Stadt.

Oktober

Insider Tipp Auf dem *Nëssmoort* (Nussmarkt) am ersten oder zweiten Wochenende in Vianden werden frische Walnüsse, aber auch Nusswein, Nusstee, Nussbrot, Nusspasteten feilgeboten.

November

Haupeschmaart in Munshausen: bäuerliche Naturprodukte, Kunsthandwerk und gestrickte Schafwollpullis.

Die Echternacher Springprozession

Felsen, Banken, Bastionen

In der Hauptstadt mischt sich internationales Flair mit dem Erbe der Geschichte und dem Charme der Provinz

Karte in der hinteren Umschlagklappe

Die kleine Hauptstadt des Großherzogtums (Kernstadt 86 000, mit Umlandgemeinden 135 000 Ew.) kann natürlich nicht konkurrieren mit der Noblesse der europäischen Metropolen – und doch hat sie von so mancher ein bisschen: Boulevards wie in Paris, Parks wie in London, Altstadtreize wie in Brüssel, mondänes Banken- und Büroambiente wie in Frankfurt. Einmalig ist jedoch die Lage der Stadt auf den hoch aufragenden Sandsteinfelsen mit ihren imposanten Festungsresten, dazwischen die tief eingeschnittenen Täler der Alzette und der Pétrusse, über die sich ein Netz verschiedenartiger Brücken und Viadukte spannt.

Für Spannung sorgt auch der abrupte Übergang von der verschlafenen Altstadtromantik zur coolen Technokratenwelt der Banker und EU-Bürokraten, internationales Flair paart sich mit dem Charme der Provinz – ein steter Wechsel von Groß und Klein, Alt und Neu, oben und unten hält den Besucher in Atem und auf Trab. Hinter dem Bockfelsen, wo einst Graf Siegfried seine »Lützelburg« errichtete, kauert die Altstadt mit ihren Kirchen und Museen, dem Großherzoglichen Palais und den kleinen, verwinkelten Gassen am Fischmarkt, quasi der Keimzelle der Stadt. Das Altstadtensemble wurde mit Teilen der Festung 1994 zum Unesco-Weltkulturerbe erhoben.

Eine Plastik von Niki de Saint-Phalle bringt Farbe in den boulevard Royal

Mit Krallen und Klauen: das Luxemburger Staatswappen

Dahinter liegt die geschäftige City mit repräsentativen Verwaltungsbauten, großzügigen Plätzen, Fußgängerboulevards und Geschäftsstraßen, wo lebhaftes, urbanes Treiben herrscht. Nach Westen hin wird die City abgeschlossen vom »Bollwerk« der Banken auf dem boulevard Royal – alles binnen einer halben Stunde leicht zu Fuß zu erreichen.

Zwei große, markante Brücken überspannen das Tal der Pétrusse:

Das Labyrinth der Bockkasematten bot Schutz für 35 000 Luxemburger

Über den pont Adolphe gelangt man zum plateau Bourbon, dem Bahnhofsviertel, das erst zu Beginn des 20. Jhs. bebaut wurde. Zurück in die City führt der Passerelle-Viadukt, lange das größte Brückenbauwerk, bis 1965 die 355 m lange, 85 m hohe Großherzogin-Charlotte-Brücke (im Volksmund meist Rote Brücke oder Europabrücke genannt) den Bogen zum Kirchberg mit den Gebäuden der europäischen Institutionen schlug. Insgesamt 110 Brücken aus sieben Jahrhunderten versuchen in dieser Stadt die Gegensätze zu verbinden.

Jenseits der Altstadt, auf der anderen Seite der Alzette, ragt wie ein Schiffsbug das *Hémicycle* (Halbkreis), der Plenarsaal des Europazentrums, aus dem Wald. Dahinter erstrecken sich die anderen Gebäude der EU, Hotels, Banken und das Messegelände. Hier an der Autobahn Trier–Luxemburg ähnelt Luxemburg eher der Peripherie von Frankfurt. Aber unten im Tal der Alzette, in den »Unterstädten« Grund, Clausen und Pfaffenthal, gleicht Luxemburg einem beschaulichen Dorf.

Kulturell hat sich einiges getan in den letzten Jahren: Eine Reihe neuer oder runderneuerter Museen präsentiert selbstbewusst das kulturelle Erbe des Landes. Das Nationaltheater macht interessante Koproduktionen mit ausländischen Theatern, das renovierte Grand Théâtre präsentiert hochrangige Gastspiele aus dem Ausland. Und am unteren Rand des Kirchbergs entstand eine ganz neue, spektakuläre Bastion der Kultur: im Mittelpunkt das MUDAM, das Kunstmuseum des Stararchitekten Ieoh Ming Pei, flankiert vom neuen Festungsmuseum und der Philharmonie. Auch die ehemalige Abtei Neumünster im Stadtteil Grund ist jetzt ein großes Kulturzentrum mit Ausstellungsräumen, Veranstaltungssälen sowie Künstlerwohnungen und -ateliers.

SEHENSWERTES

Casemates du Bock (Bockkasematten) [U D3]

★ Auf den Resten der alten Lützelburg kann man wie auf einem Hochplateau flanieren und den herrlichen Ausblick auf die Silhouette der Altstadt und die Unterstadt Grund genießen. Der Bockfelsen hat aber auch ein Innenleben: Neben dem »hohlen Zahn«, einem renovierten Festungsturm, befindet sich der Eingang zur Luxemburger »Unterwelt«. Zuerst gelangt man in die archäologische Krypta, in der eine kurze Videoshow atmosphärisch in die Geschichte der Burg und der Stadt einführt. Dann betritt man die Bockkasematten, ein imposantes unterirdisches Labyrinth aus Gängen, Räumen und Treppen, das die Österreicher Karl VI. und Maria-Theresia als damalige Herrscher Luxemburgs zwischen 1737 und 1746 bis zu 40 m tief in die Sandsteinfelsen bohren ließen. Eine kleine Stadt im »Bauch« Luxemburgs, die Tausende von Soldaten samt Ausrüstung und Pferden aufnehmen konnte, aber auch wichtige Zivilisten wie Metzger, Bäcker, Köche und andere Handwerker beherbergte. Noch im Zweiten Weltkrieg suchten hier 35 000 Luxemburger Schutz. Über 40 km lang waren einst die Kasemattengänge, 23 km sind noch vorhanden, interessante Abschnitte können – gut beleuchtet und ausführlich beschrieben – besichtigt werden, ohne dass man Angst haben muss, sich zu verirren *(montée de Clausen, März–Okt. tgl. 10–17 Uhr, Führungen Anmeldung Tel. 22 28 09 und 47 96 27 09)*.

Cathédrale Notre-Dame (Liebfrauenkathedrale) [U C4]

★ Die drei weithin sichtbaren, schlanken Türme der Liebfrauenka-

MARCO POLO Highlights »Stadt Luxemburg und Umgebung«

★ **Corniche und Altstadt**
Ein imposanter Stadtrundgang am Felsrand entlang (Seite 30)

★ **MUDAM (Musée d'Art Moderne Grand-Duc Jean**
Das neue Museum von Ming Pei ist schon architektonisch sehenswert (Seite 39)

★ **Musée d'Histoire de la Ville**
Im gläsernen Salonaufzug durch 1000 Jahre Stadtgeschichte (Seite 39)

★ **Casemates du Bock**
Abenteuerliche Unterwelt der Stadt (Seite 29)

★ **Cathédrale Notre-Dame**
Beeindruckende Kirche mit Königsgrab (Seite 29)

★ **Grund, Clausen, Pfaffenthal**
Hier ist die Hauptstadt noch Dorf geblieben (Seite 31)

★ **Place d'Armes**
Der quirlige Mittelpunkt der City (Seite 36)

thedrale sind das Wahrzeichen der Stadt. Die lichtdurchflutete Kirche ist einer der wenigen spätgotischen Bauten, die auch kunstgeschichtlich wenig bewanderte Besucher sofort in ihren Bann ziehen. 1613 begann man mit dem Bau, der Stilelemente von Spätgotik, Renaissance und Barock vereint. Großen Anteil an der künstlerischen Ausgestaltung hatte der sächsische Baumeister Daniel Müller, der das kunstvoll verzierte Hauptportal mit den Statuen des hl. Ignatius von Loyola und einer prächtigen Muttergottes schuf. Sehenswert auch das moderne bronzene Seitenportal des Luxemburgers Auguste Trémont. Es führt in den Erweiterungsbau von 1938 mit einer Krypta, in der sich die Fürstengruft der großherzoglichen Familie und das Grabmal König Johanns des Blinden befinden. Glanzstück im spätgotischen Kirchenschiff: die Empore mit überquellendem Renaissancedekor. Auf dem Hochaltar die Marienstatue »Unserer Lieben Frau«, der Stadt- und Landespatronin. *Rue Notre-Dame, Mo–Sa 10–12 und 14 bis 17.30, So 14–17.30 Uhr*

Corniche und Altstadt [U C–D 3–4]

★ Die Corniche, ein Weg direkt am Rande des Felsens, auf dem die Altstadt Luxemburgs thront, wird auch »der schönste Balkon Europas« genannt. Von ihr hat man einen wirklich beeindruckenden Blick auf die Felsen und die Reste der alten Festung: auf den Bockfelsen mit seinen unterirdischen Kasematten und auf das massige Rhamplateau gegenüber. Und darunter ducken sich im Tal der Alzette die alten Handwerkerhäuser rings um die ehemalige Abtei Neumünster im Stadtteil Grund. Man blickt auf kleine Brücken und verwinkelte Terrassengärten, und von Ferne grüßt die Silhouette des Europazentrums auf dem Kirchberg. Am bes-

Lichtdurchflutet: die modernen Chorfenster der Liebfrauenkathedrale

»Moien«

Grüßen wie die Luxemburger

Wenn sich zwei Luxemburger treffen, die sich gut kennen, begrüßen sie sich stets mit einem herzlichen »Moien«, egal ob es 6 Uhr in der Frühe ist oder schon auf Mitternacht zugeht. Denn »Moien« bedeutet nicht etwa (guten) »Morgen«, sondern wie das plattdeutsche »Mojn« oder das niederländische »mooi« lediglich so viel wie »schön«. Man wünscht sich also bloß kurz einen »schönen« und denkt sich den Morgen, Tag oder Abend dazu. Dieser Gruß wird aber meistens nur guten Bekannten zuteil, die anderen werden mit einem distanzierteren »Bonjour« bedacht. Beim Abschied sagt man »Äddi« oder »Awwuar«, die luxemburgische Variante von »au revoir«.

ten betritt man den »Balkon« hinter dem Gebäude des Staatsarchivs unterhalb der place du St-Esprit, von dort kann man dann das ganze Panorama abschreiten bis zum Bockfelsen (natürlich auch in umgekehrter Richtung). Vom Bockfelsen ist es ein Katzensprung ins malerische Gassengewirr der Altstadt mit dem Fischmarkt als Mittelpunkt. Von dort gelangen Sie durch die schmale rue de la Loge (schöner Hauserker mit der Aufschrift »Mir welle bleiwe, wat mir sin«, dem viel zitierten Luxemburger Motto) zum Großherzoglichen Palais in der rue du Marché-aux-Herbes. Jetzt sind es nur noch ein paar Schritte zur place d'Armes, wo Sie sich in einem der zahlreichen Straßencafés erholen können. Der gesamte Spaziergang dauert etwa eine Stunde und vermittelt einen ersten imposanten Eindruck von der Topografie und der Geschichte der Stadt.

Gëlle Fraa **[U C4]**

Die vergoldete Frauenfigur ziert weithin sichtbar die Spitze des 1923 errichteten Monument du Souvenir auf der place de la Constitution. Sie erinnert an die Opfer zweier Weltkriege und ist Symbol für den Luxemburger Freiheits- und Unabhängigkeitswillen. 1940 wurde das Denkmal von den Nazis zerstört. Die Luxemburger brachten die Überreste der Gëlle Fraa in Sicherheit. Aber erst 1984 wurde der Obelisk samt Statue restauriert und wieder aufgebaut und ist seither so etwas wie die inoffizielle Luxemburger Freiheitsstatue. Von hier aus hat man auch einen schönen Blick ins Tal der Pétrusse und auf die beiden großen Brücken Passerelle und pont Adolphe. Auf der anderen Seite des Tales erhebt sich das lang gezogene Gründerzeitgebäude der Luxemburger Staatssparkasse.

Grund, Clausen, Pfaffenthal **[U D–E 2–4]**

★ Wer Luxemburg richtig kennen lernen will, der muss unbedingt die Unterstadt Grund besucht haben. Dort ist die Hauptstadt Dorf und Festung zugleich geblieben. Als

Von der Corniche bieten sich schöne Blicke in die Unterstadt Grund

Ausgangspunkt eignet sich die *place du St-Esprit* in der Oberstadt: Von dort fährt nämlich ein Aufzug hinab in den Grund (Eingang Parkhaus). Unten angekommen, passieren Sie die kleine Brücke über die Alzette. Von dort hat man einen schönen Blick auf die kleinen Häuschen am Fluss, in denen erst die Festungsbauer und später die Müller, Wollschläger, Gerber und die Färber wohnten. Dann folgten die Mönche, deren Abtei Neumünster am Ufer der Alzette später zum Gefängnis umfunktioniert wurde. Nach dem Zweiten Weltkrieg schließlich kamen Gastarbeiter aus Italien und Portugal, und heute ist es auch für betuchte »Oberstädter« wieder schick, in den zahlreichen Szenekneipen im Grund einen trinken zu gehen oder gar Büro oder Wohnung hier zu haben.

Wer nur mal kurz reinschnuppern will in den Grund, der biegt hinter der Brücke nach links ab in die *rue Munster*. Im vorderen Teil des alten Abteikomplexes ist heute das Natur Musée untergebracht. Dahinter stößt man auf die Kirche *St-Jean Baptiste*, die drei flämische Barockaltäre und eine kostbare schwarze Madonna aus dem 14. Jh. beherbergt. Die Kirche ist Teil des neuen Kulturzentrums *Abbaye de Neumunster (28, rue Munster, Mo bis Fr 8–19, Sa/So 10–18 Uhr, www.ccrn.lu)*, das sich dahinter erstreckt. Links neben der Kirche führt ein schmaler Pfad zum *Stierchen*, einer kleinen Fußgängerbrücke über die Alzette. Sie ist Teil der renovierten *Wenzelsmauer*, von der Sie wieder einen schönen Blick ins idyllische Tal der Alzette, auf die Silhouette der Altstadt und die Kasematten haben. Am anderen Ufer können Sie eng am Felsen entlang zurück zur Alzettebrücke am Fußgängeraufzug gehen.

Insider Tipp

Besser ist es jedoch, Sie nehmen sich die Zeit für den großen historischen Rundgang (der teilweise identisch ist mit dem ausgeschilderten »Kulturweg Wenzel«, nur in umgekehrter Richtung). Hinter der

Brücke geht es in diesem Fall rechts den *Bisserwé* entlang bis zum Bissertor, wo ein Weg zum *Rhamplateau* mit seinen Kasernen aus der Vauban- und Preußenzeit hochführt. Dahinter stößt man auf die restaurierten Reste der Wenzelsmauer, einer großen Ringmauer aus dem 14. Jh., die den Grund einst mit in den Festungsbezirk der Stadt einbezog. Über eine Wendeltreppe gelangen Sie hoch zum *Jakobsturm.* Von dort genießt man einen besonders schönen Ausblick auf die Stadt. Im Innern des Turmes gibt es eine audiovisuelle Informationsshow über Festungsstädte à la Luxemburg.

Danach steigen Sie über die modernen Wendeltreppen in diversen alten Türmen hinunter auf die Befestigungsmauer hinter dem Tutesall im alten Abteigelände. In den Türmen erklingt bisweilen leise mittelalterliche Musik. Auf der Mauer und der anschließenden Stierchenbrücke über die Alzette entführen Sie Schautafeln über Pflanzen- und Tierwelt sowie Anmerkungen zum Alltagsleben im Mittelalter in den Bannkreis der Geschichte. Doch laute Rockmusik und ein kräftiger Espresso in einem der Szenecafés im Grund bringen Sie schnell wieder zurück ins Hier und Heute.

Wer sich noch weiter in die Festungsgeschichte der Stadt vertiefen möchte, sollte den Spaziergang bis nach Clausen und Pfaffenthal ausdehnen. Allerdings sollten Sie für diese Tour gut zu Fuß sein: Es geht ziemlich heftig auf und ab. Kehren Sie dafür vom Stierchen zurück zum Jakobsturm an der Wenzelsmauer. Von dort laufen Sie die *rue de la Tour Jacob* hinunter nach Clausen und überqueren die Alzettebrücke. Gehen Sie danach rechts gleich wieder über eine Brücke und direkt dahinter links in die *allée Pierre de Mansfeld.* Hinter der Kunigundenkirche zur Rechten steht das *Geburtshaus von Robert Schuman,* der in den Fünfzigerjahren das vereinte Europa auf den Weg brachte.

An der rue Jules-Wilhelm stößt man dann auf den *Vauban-Rundweg* (kleiner Pfad bergauf), benannt nach dem berühmten Festungsbaumeister von Ludwig XIV., der die Festung Luxemburg im 17. Jh. zu einem »Gibraltar des Nordens« ausbaute. Der Vauban-Weg führt steil hinauf zu den Resten der Festung, die nach 1867 geschleift wurde. Zu-

Lunchkonzert

Musik statt Mittagsmenü

Wenn Sie zwischen Oktober und April freitags in der Stadt Luxemburg unterwegs sind, dann gehen Sie statt zum Mittagessen doch mal zum kostenlosen Mittagskonzert um 12.30 Uhr an wechselnden Orten in der Innenstadt. Die bunte Mischung aus Klassik, Jazz oder Chanson ist auf jeden Fall sehr bekömmlich und gut für die Figur! Genaue Termine und Infos beim City-Tourist-Office.

nächst kommen Sie zu den jüngsten Ausgrabungen des *Forts Obergrünewald* und dann durch eine unterirdische Felsengalerie hoch zum *Fort Thüngen,* in dessen Mauern das neue Festungsmuseum Drai Eechelen entstanden ist.

Der Vauban-Weg führt dann durch das Höhlentor weiter zum *Fort Niedergrünewald* und anschließend wieder bergab in den Ortsteil Pfaffenthal. Hier überqueren Sie an der Eischer Pforte die Alzette auf einer Wehrbrücke mit zwei Festungstürmen von Vauban. Am anderen Ufer steigen Sie über die *montée de Pfaffenthal* und den *boulevard Victor Thorn* wieder hinauf zum Bockfelsen am Rand der Altstadt.

Kirchberg-Plateau (Centre Européen) **[U E1–2]**
Kirchberg war ehedem ein kleines, verträumtes Dorf vor den Toren der Hauptstadt, bis in den Sechzigerjahren des 20. Jhs. die ersten Gebäude der Europäischen Gemeinschaft aus dem Boden schossen. Es folgten große Wohnblocks, Sportstätten, Banken, Einkaufszentren und das Luxemburger Messegelände. Dieser städtebauliche Wildwuchs soll jetzt durch einen gezielten Bebauungsplan gebändigt und der Kirchberg so in den nächsten Jahren allmählich zu einem attraktiven, eigenständigen Stadtteil werden.

Ein Halbkreis für (fast) ganz Europa: Im Hémicycle tagt der EU-Ministerrat

Die jüngsten architektonischen Prunkstücke am unteren Kirchberg sind die extravaganten Gebäude der neuen Philharmonie und des MUDAM. Direkt dahinter erhebt sich das Kernstück der EU aus den Sechzigerjahren, das lange die Skyline dominierende Hochhaus *Bâtiment Alcide de Gasperi* mit neuem, lang gezogenem gläsernem Plenarsaal, umstellt von weiteren Neubauten der EU und dem architektonisch extravaganten *Hémicycle,* dem Hauptkonferenzsaal.

Markantes Symbol für den »neuen« Kirchberg ist eine monumentale Stahlplastik von Richard Serra an der avenue John F. Kennedy. Interessant sind auch der *Europäische Gerichtshof* mit einer Skulptur von Lucien Wercollier, einem Luxemburger Bildhauer, und der *Jean-Monnet-Bau* der EU-Kommission, vor dem ein Duplikat des Denkmals »Non Violence« von Carl Frederick Reuterwärd steht. *www.europa.eu.int*

Hinter dem EU-Komplex erstreckt sich das neue, futuristisch anmutende Bankenviertel, das Architekten und Künstler von Rang gestaltet haben, z. B. Gottfried Böhm, A. R. Penck und Markus Lüpertz (Deutsche Bank), Jean Dubuffet (Banque Générale), Richard Meier und Frank Stella (Hypo-Ver-

Insider Tipp

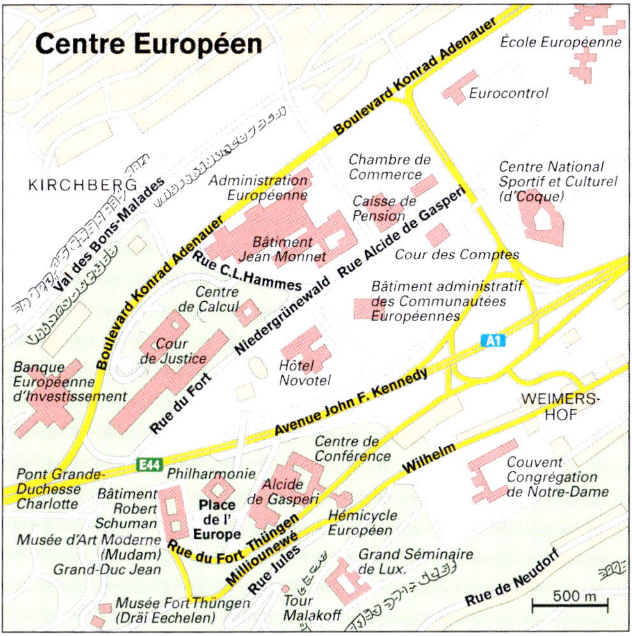

einsbank). Dahinter schließen sich ein riesiger Einkaufskomplex mit dem Supermarkt Auchan und das Großkino Utopolis an, flankiert vom Messegelände und dem imposanten Gebäude der RTL-Group. Einzelheiten im Faltblatt »Architektur und Kunst auf dem Kirchberg« vom Luxembourg Tourist Office.

Palais Grand-Ducal (Großherzoglicher Palast) [U C3]

In der zweiten und dritten Etage hinter der renovierten Renaissancefassade residiert die Großherzogliche Familie, wenn sie in der Stadt ist. Einige der schönen Foyers, Säle und Salons mit ihren kunstvollen Stuckdecken, kostbaren Möbeln, Gobelins und Gemälden kann man besichtigen, allerdings nur von Mitte Juli bis Anfang September *(Mo–Fr nachmittags, Sa vormittags, Tickets und genaue Auskunft beim Luxembourg Tourist Office)*. Das Monarchische in Luxemburg kommt eher vornehm-zurückhaltend als prunkvoll-protzig daher. Der Palast, dessen älteste Teile aus dem 13. Jh. stammen, war mehr als 500 Jahre Rathaus der Stadt, nach 1815 Regierungssitz und Parlament, erst seit 1890 ist er Residenz des Großherzogs. Das erste Stadthaus, das 1554 einer Explosion zum Opfer fiel, wurde im Renaissancestil wieder aufgebaut und beträchtlich erweitert.

Im jüngsten Anbau von 1856 tagt jetzt die Abgeordnetenkammer. Davor paradiert stolz die Palastwache des Großherzogs. Wenn es zwei Soldaten sind und die Nationalflagge gehisst ist, ist der Großherzog anwesend. *Rue du Marché-aux-Herbes*

Place d'Armes (Paradeplatz) **[U C3]**

★ Auf diesem großen, rechteckigen Platz mitten in der Stadt paradierten einst die Soldaten der Festung; heute treffen sich im Schatten der Bäume die Flaneure in den Straßencafés, um die Parade der Schicken und der Schönen der Stadt abzunehmen. Hier fühlen sich Rucksacktouristen ebenso wohl wie Austern schlürfende Ladys im Freiluftrestaurant. Im Sommer gibt es im Musikpavillon fast täglich Platzkonzerte oder improvisierte Straßenmusik vor dem *Cercle Municipal.* Am anderen Ende des Platzes erinnert ein Denkmal an die beiden Luxemburger Nationaldichter Edmond de la Fontaine (»Dicks«) und Michel Lentz. Am zweiten und vierten Samstag im Monat bringt Insider Tipp ein *Flohmarkt* zusätzlich Leben in die gute Stube der Stadt.

Place Clairefontaine **[U C4]**

Blickfang ist eine Bronzestatue der ehemaligen Großherzogin Charlotte vom französischen Bildhauer Pierre Cardot. Der weite, offene Platz ein paar Schritte unterhalb der Place Guillaume ist gesäumt von den Gebäuden des Regierungsviertels, die größtenteils in Klostergebäuden aus dem 17. und 18. Jh. untergebracht sind.

Place Guillaume II (Wilhelmsplatz) **[U C3]**

Viel spartanischer als die place d'Armes wirkt dieser Platz in unmittelbarer Nähe, der eigentlich der volkstümlichere ist. Die Einheimischen nennen ihn den *Knuedler* – nach dem geknoteten Gürtel der Franziskanermönche, die hier Mitte des 13. Jhs. ein Kloster errichtet hatten. Heute wird der Platz beherrscht von einem mächtigen Reiterstandbild von Wilhelm II., dem zweiten Großherzog von Luxemburg. Dahinter steht das neoklassi-

Place d'Armes: Treffpunkt für Flaneure und gute Stube der Stadt

zistische Rathaus, das von zwei Ehrfurcht gebietenden Bronzelöwen flankiert ist. Beim Treppenabgang zur rue Notre-Dame wartet ein weiteres Monument: der *Rénert,* die luxemburgische Variante des Reineke Fuchs, den Michel Rodange in seinem Epos verewigt hat. Lebhaft und bunt wird es auf dem Platz immer am Mittwoch- und Samstagvormittag, wenn Markt ist.

Plateau Bourbon **[U B–C 4–6]**
Als die Festung Luxemburg 1867 geschleift wurde, entstand auf dem ebenen Plateau Bourbon jenseits der hügeligen Altstadt auf dem Reißbrett ein ganz neues Stadtviertel mit großzügigen Boulevards und großartigen Stadtpalästen. Beginnen Sie den Boulevardbummel auf dem *pont Adolphe,* der Brücke, die 1900 über das Tal der Pétrusse ans andere Ufer geschlagen wurde. Dort stehen Sie an der *place de Metz* vor dem lang gezogenen Gebäude der Luxemburger Staatsbank und Staatssparkasse von 1913. Von hier führt schnurgerade die *avenue de la Liberté* hinunter. An der *place des Martyrs* fällt linker Hand das palastartige Verwaltungsgebäude des Stahlkonzerns Arbed (1922) ins Auge, heute Zentrale von Arcelor-Mittal. Die Avenue endet am *Hauptbahnhof,* einem überaus interessanten Baudenkmal des Historismus. Er wurde 1913 von preußischen Baumeistern errichtet und ähnelt von außen eher einer barocken Benediktinerabtei. Beim näheren Hinschauen fallen die Unmengen von Wappen, Verzierungen, Büsten und Porträts auf der Frontseite auf, darunter die Konterfeis der vier deutschen Kaiser Luxemburger Herkunft. Im Innern kontrastiert der

Insider Tipp

Das Standbild von Guillaume II beherrscht den gleichnamigen Platz

moderne »Sternenhimmel« des Luxemburger Künstlers Armand Strainchamps wirkungsvoll mit der alten Bausubstanz. Hinter dem Bahnhof (erreichbar über eine Fußgängerbrücke) die zwei *Rotunden,* ehemalige Bahnwerkstätten, die fürs Kulturjahr zu Ausstellungs- und Eventhallen umgerüstet wurden.

Den Rückweg durch die belebte Einkaufsstraße *avenue de la Gare* können Sie dann am besten gleich zu einem gemütlichen Schaufenster- oder Einkaufsbummel nutzen.

RUNDFAHRTEN & FÜHRUNGEN

Ask me!
Von Juni bis September sind täglich von 10 bis 18 Uhr in der City Studentinnen und Studenten unterwegs, die Ihnen den Weg erklären oder Tipps geben.

Das Passerelle-Viadukt, das mit mächtigen Bögen die Pétrusse überspannt, ist eine besonders stattliche der über 100 Brücken in der Hauptstadt

Hop on, hop off
Sightseeing im (bei schönem Wetter offenen) Doppeldeckerbus. An acht Haltestellen an markanten Punkten in der ganzen Stadt zwischen City, Kirchberg und Bahnhof können Sie zu- und aussteigen und Ihre Fahrt beliebig lange unterbrechen. *Start place de la Constitution, Mitte März–Okt. tgl. 9.40–17.20 (Mitte Juni–Mitte Sept. bis 18.20) Uhr im 20-Min.-Takt, Nov.–Mitte März Sa/So 10.30–16 Uhr im 30-Min.-Takt, 12 Euro, www.sightseeing.lu*

Pétrusse-Express
Das Motorbähnchen mit überdachten Waggons fährt hinunter ins Tal der Pétrusse, in den Grund und auf das Rhamplateau (und wieder zurück). Dazu bekommt man über einen Walkman alle nötigen Informationen eingeflüstert. *Abfahrt:* **[U C4]** *place de la Constitution, Mitte März–Okt. tgl. 10–18 Uhr im 30-Min.-Takt, Dauer 1 Std., 8 Euro*

Stadtrundgänge
Geführte Stadtrundgänge veranstaltet das *City-Tourist-Office* ab der *place Guillaume II (* **[U C3]**, *Ostern bis Okt. tgl. 14 Uhr, Nov.–Ostern Mo, Mi, Sa, So 14 Uhr, 7 Euro).*

Themenwege
Zum Selbstentdecken gibt es viele gut ausgeschilderte Themenwege *(z. B. Wenzel-Rundgang, Auf Goethes Spuren, Vauban-Rundweg, kostenlose Broschüren im City-Tourist-Office).* Wer einen ersten, kurzen Gesamteindruck von der Stadt bekommen will, folgt am besten den beiden auf Seite 30–34 beschriebenen Routen über die Corniche und durch die Unterstadt Grund.

MUSEEN

Bankenmuseum **[U C4]**
Geschichte der Bankenbastion Luxemburg in Bildern und Dokumenten. Besonderer Gag ist ein Video

mit den schönsten Banküberfällen der Filmgeschichte von Lucky Luke bis Louis de Funès. *1, place de Metz, Mo–Fr 9–17.30 Uhr, www.bcee.lu*

Casino [U B4]
Das ehemalige Offizierskasino dient heute als Forum für zeitgenössische Kunst. Drei- bis viermal jährlich gibt es Ausstellungen von internationalem Rang. *41, rue Notre-Dame, Mo, Mi, Fr 11–19, Do 11–20, Sa/So 11 bis 18 Uhr, www.casino-luxembourg.lu*

Galerie Am Tunnel [U C4]
Der »Tunnel« ist ein 350 m langer, unterirdischer Gang in der Luxemburger Staatssparkasse. Hier wird ein Querschnitt des zeitgenössischen Luxemburger Kunstschaffens gezeigt, ergänzt von interessanten Wechselausstellungen internationaler Künstler. *16, rue Zithe, Mo–Fr 9–17.30, So 14–18 Uhr, Führungen So 15 Uhr, www.bcee.lu*

MUDAM (Musée d'Art Moderne Grand-Duc Jean) [U D2]
★ Die neue große Attraktion der Hauptstadt! Oberhalb des alten Forts Thüngen erhebt sich in spannendem Kontrast dazu das neue Kunstmuseum von Ieoh Ming Pei, dem Erbauer der Pyramide im Hof des Louvre in Paris. Auch hier ragt eine 40 m hohe Glaspyramide als Wahrzeichen über dem Eingangsfoyer, von dem aus man auf drei Ebenen moderne und zeitgenössische Kunst in drei- bis viermal jährlich wechselnden Ausstellungen erkunden kann. Unterwegs haben Sie viele schön inszenierte Durchblicke auf die Festung und die Skyline von Alt-Luxemburg. *3, parc des Trois Glands, Do–Mo 11–18, Mi 11–20 Uhr, www.mudam.lu*

Musée Drai Eechelen [U D2]
Das markante, weithin sichtbare Festungsbauwerk der »Drei Eicheln« ist das Wahrzeichen des alten Forts Thüngen, in dessen Mauern das neue Festungsmuseum eingerichtet wurde. Das Fort wurde 1732 von den Österreichern auf den Resten einer Vauban-Feste erbaut und 100 Jahre später von den Preußen erweitert – ein steinernes, begehbares Zeugnis der Geschichte über und unter der Erde mit vielen abenteuerlichen Höhlen, Fluren und ausgebauten Kasematten. Eingebettet ist es in ein modernes Museumskonzept mit vielen plastischen Erläuterungen zur tausendjährigen Festungsgeschichte der Stadt und ihrer diversen Besatzer. Das Museum ist auch Teil des Vauban-Rundwegs, der zu weiteren Werken des französischen Festungsbaumeisters in Luxemburg führt. *Eröffnung Herbst 2007, parc des Trois Glands, Do–Mo 10–18, Mi 10–20 Uhr*

Musée d'Histoire de la Ville [U C3]
★ Im mit viel Phantasie und Sachkunde umgebauten alten Patrizierhaus mitten in der Altstadt werden mit modernen multimedialen Mitteln 1000 Jahre Stadtgeschichte gezeigt. Im gläsernen Salonaufzug schwebt man aus dem Fels in die Höhe und blickt dabei durch die Fenster auf die Reste der Festung. Auf den einzelnen Etagen die Epochen der Stadthistorie: im Felsenkeller die Geschichte von Stadtgründer Graf Siegfried, darüber Festungsmodelle aus verschiedenen Jahrhunderten, der Einfluss der Fremdherrscher wie Kaiserin Maria Theresia oder der ungeliebten Preußen. Und als sichtbares Symbol der

Modernes Museum in alten Mauern: Das Musée d'Histoire de la Ville illustriert die Geschichte der Stadt

Eigenständigkeit: der Thron von Großherzog Adolphe, dem ersten eigenen Monarchen von Luxemburg. Mindestens so interessant wie der Inhalt ist die gelungene Architektur des neuen Museums in alten Mauern. *14, rue St-Esprit, Di bis So 10–18 (Do bis 20) Uhr, www.musee-hist.lu*

Musée National d'Histoire et d'Art **[U C3]**
Das einstige Gewirr alter Patrizierhäuser am Fischmarkt hat nach umfangreichen Umbauarbeiten einen neuen, nüchternen architektonischen Kontrapunkt bekommen und ist nun ein weiterer, nicht unumstrittener Blickfang in der Altstadt. Im Inneren bekommen Sie beim Museumsrundgang einen interessanten Überblick über die Geschichte und Kultur des Großherzogtums. Die geschichtliche Abteilung zeigt Fundstücke aus der Vor- und Frühgeschichte, der gallorömischen Epoche, umfangreiche Waffensammlungen und Modelle aus der Festungszeit. In der Volkskundeabteilung sind Möbel und Hausrat des 18. und 19. Jhs. zu sehen, außerdem eine naturkundliche Sammlung und ein Münzkabinett. Die Abteilung Kunst wartet auf mit alten Meistern und einer modernen Abteilung mit Werken der Pariser Schule. Dazu Wechselausstellungen. *Marché-aux-Poissons, Di–So 10–17 Uhr, Abteilung für Kunsthandwerk und Volkskunst Di–So 14–16.45 Uhr, www.mnha.lu*

Musée des Tramways et des Bus **[U A6]**
Nostalgische Ausstellung alter Straßenbahnen und Busse, die einmal durch Luxemburgs Straßen gefahren sind. *63, rue de Bouillon, Do, Sa, So 13.30–17.30 Uhr, www.autobus.lu*

Natur Musée **[U D4]**
Das Museum für Naturgeschichte im Grund zeigt, was die Welt im Innersten zusammenhält: Erd- und Naturgeschichte allgemein, dazu speziell die Tier- und Pflanzenwelt Luxemburgs. Eine ausführliche Beschreibung finden Sie im Kapitel »Mit Kindern reisen«. Das Museum ist auch Ausgangspunkt des *Geologischen Lehrpfads*, der zu den 190 Mio. Jahre alten Sandsteinfelsen im Pétrussetal führt. *25, rue Munster, Di–So 10–18 Uhr, www.mnhn.lu*

ESSEN & TRINKEN

Apoteca [U C3]
Restaurant, Bar und Lounge in der Altstadt. Die Küche ist Talk of the Town und überrascht mit ungewöhnlichen Kreationen, bei denen auch das Auge gerne mitisst. *So/Mo geschl., 12, rue de la Boucherie, Tel. 267 37 71, www.apoteca.lu,* €–€€

Basta Così [U C3]
Schickes Ristorante mit Proseccobar. Italoklassiker von Bruschetta bis Zucchinitarte, Dreigangmenü mittags für 14,90 Euro. *So geschl., 10, rue Louvigny, Tel. 26 26 85 85, www.bastacosi.lu,* €–€€

Le Bouquet Garni – Salon Saint-Michel [U C3]
In dem Altstadthaus aus dem 16. Jh. weht ein frischer Wind in der Küche dank dem ambitionierten Thierry Duhr, der seine Gäste mit hoher Qualität zu vernünftigen Preisen verwöhnt. *Sa-Mittag, Mo-Mittag und So geschl., 32, rue de l'Eau, Tel. 26 20 06 20, www.thierryduhr.com,* €€€

Insider Tipp **Brédewée** [U C4]
Kleines, charmantes Lokal mit feiner Küche an der Corniche. Mittags exzellentes *plat du jour* für 10–11 Euro. Von der Sommerterrasse herrlicher Blick in den Grund. *Tgl., 9, rue Large, Tel. 22 26 96, www.breedewee.lu,* €–€€

Cafés & Bistros
Für einen Imbiss oder einen Kaffee oder Drink zwischendurch gibt es eine Reihe von Lokalen mit Flair. Im Sommer ist die *place d'Armes* ein einziges, großes Straßencafé. In den Confiserien *Kaempff-Kohler (14, rue du Curé), Namur (27, rue des Capucins), Oberweis (19–21, Grand-rue), Scheer (58, avenue de la Liberté)* und *Fred Schons (21, avenue Monterey)* kommen Süßmäuler und Snackfans voll auf ihre Kosten. Für weitere Stärkung auf dem Bummel durch City und Altstadt sorgen viele originelle Cafés und Bistros wie das *Interview (21, rue Aldringen),* das exotisch angehauchte *Resto-Café Chiggeri (15, rue du Nord),* das orientalische *Babylon Whispers (13, rue du Marché-aux-Herbes)* oder das theatralisch auftrumpfende *Art Café (1 a, rue Beaumont).* In der geschäftigen *Brasserie Guillaume (12–14, place Guillaume)* gibts von 10 bis 24 Uhr immer was zu beißen. Ebenso aus dem Vollen schöpfen kann man im edlen *Food-&-Store-House Wengé (15, rue Louvigny).* Feine Kleinigkeiten serviert das *Café am Musée (14, rue du St-Esprit)* im Musée d'Histoire, mit schöner Terrasse. Ebenfalls für den kleineren Geldbeutel: *La Table du Pain (19, avenue Monterey)* und die Tapabar *El Compañero (rue de l'Eau).* Auch im Bahnhofsviertel gibt es viele kleine, preiswerte Snackbars.

Come Prima [U D2]
Pfiffiger Italiener in der Altstadt. Der Mittagshit: ein Teller vom großen Vorspeisenbuffet plus ein Hauptgericht für 12,50 Euro. Insider Tipp Rechtzeitig reservieren! *Sa-Mittag und So geschl., 32, rue de l'Eau, Tel. 24 17 24,* €–€€

Um Dierfgen [U C3]
Gemütliches Traditionsgasthaus in der Altstadt mit deftigen Gerichten

Wem Uhren und Geschmeide zu teuer sind, der tröstet sich mit den Pralinen der Edelkonditoren

und einer bis 23.30 Uhr geöffneten Küche. Spezialität: Pferdesteaks, Mittagsmenü zu 9,80 Euro! *So geschl., 6, côte d'Eich, Tel. 22 61 41,* €

Kamakura [U D4]
Gute japanische Küche zu vernünftigen Preisen. *Sa-Mittag und So geschl., 2–4, rue Munster, Tel. 47 06 04,* €€–€€€

Mesa Verde [U C4]
Ein originelles vegetarisches Restaurant in der Altstadt (es gibt auch Fischgerichte). *So/Mo geschl., 11, rue du St-Esprit, Tel. 46 41 26,* €

Mosconi [U D4]
Der Edelitaliener im Grund; in einem kleinen Haus an der Alzette wird große Küche zelebriert. *So/Mo geschl., 2, rue Munster, Tel. 54 69 94,* €€€

Speltz [U C3]
Sehr gute, gehobene Küche im feinen Traditionslokal in der City. *Sa-Mittag und So geschl., 8, rue Chimay, Tel. 47 49 50,* €€€

Am Türmchen [U C3]
Gute französische und luxemburgische Küche, fair kalkuliert. *Sa-Mittag, So-Mittag und Mo-Abend geschl., 32, rue de l'Eau, Tel. 26 27 07 33,* €

EINKAUFEN

In der City ist ein Bummel durch die Haupteinkaufsmeile *Grand-rue* (und Nebenstraßen) mit ihren schicken Geschäften und Einkaufsgalerien wie *Neuberg, Centre Beaumont* und *Carré Bonn* obligatorisch. Flippige Modeboutiquen gibts in der *rue du Nord.* Wem die Haute Couture oder die Cartier-Uhr eine Nummer zu groß ist, der kann sich mit den Pralinen der Luxemburger Edelkonditoren trösten, z. B. bei *Kaempff-Kohler (14, rue du Curé)* oder den Melusina-Pralinen bei *Oberweis (19–21, Grand-rue).*

ÜBERNACHTEN

Auberge-Restaurant Albergo da Marco [U C5]
Stilvoll renoviertes, kleines Studiohotel in einer schönen Seitenstraße auf dem Plateau Bourbon. Große, freundliche Zimmer mit kleiner Kochnische. Fr–Mo günstige Weekendpreise. Frühzeitig reservieren! *6 Zi., 3, rue Fort Elisabeth, Tel. 48 96 90, www.albergo.lu,* €€

Carlton **[U C6]**
Top renoviertes Haus in Bahnhofsnähe. *50 Zi., 9, rue de Strasbourg, Tel. 29 96 60, Fax 29 96 64, www.carlton.lu, €–€€*

Casanova **[U C3]**
Charmantes, kleines Hotelrestaurant, zentral gelegen in der Fußgängerzone. *10, place Guillaume II, Tel. 22 04 93, Fax 22 04 96, www.hotelcasanova.lu, €€€*

Hotel-Restaurant d'Coque **[O]**
Sportlicher Preisknüller: einfache, zweckmäßige Doppelzimmer (mit je zwei Einzelbetten!) im Komplex des gleichnamigen großen Sport- und Badeparadieses auf dem Kirchberg. Der Zimmerpreis (65 Euro) versteht sich ohne Frühstück, dafür aber mit freiem Eintritt ins *Centre Aquatique*. Parkhaus und zwei Restaurants im Haus. *36 Zi., 2, rue Léon Hengen, Tel. 436 06 03 06, Fax 42 33 15, www.coque.lu, €*

Français **[U C3]**
Kunstsinniges Haus mit moderner Malerei und Plastiken auf den Fluren. Hübsche, renovierte Zimmer in zentraler, relativ ruhiger Lage an der place d'Armes (Fußgängerzone, Parkhaus in der Nähe). Es gibt auch ein paar schöne Appartements, und ein Restaurant gehört ebenfalls zum Haus. *25 Zi., 14, place d'Armes, Tel. 47 45 34, Fax 46 42 74, www.hotelfrancais.lu, €€*

Italia **[U C5]**
In einer Seitenstraße im Bahnhofsviertel, einfache, aber angenehme Zimmer. Italienisches Restaurant im Haus. *20 Zi., 15–17, rue d'Anvers, Tel. 486 62 61, Fax 48 08 07, italia@euro.lu, €*

Les Jardins du Président **[U E2]** Insider Tipp
Die Adresse für ein genüssliches Wochenende in einer kleinen Luxusherberge im hübschen, ruhigen Vorort Clausen am Fuß des Kirchbergs. Sieben individuell gestaltete Suiten ab 250 Euro, dazu ein Restaurant mit exquisiter Küche und wunderbarer Gartenterrasse. *2, place Ste-Cunégonde, Tel. 260 90 71, Fax 26 09 07 73, www.jardinspresident.lu, €€€*

Parc Beaux'Arts **[U C–D3]**
Neue, feine Luxusherberge im Altstadtensemble direkt neben dem Nationalmuseum für Geschichte und Kunst. *10 Suiten, 1, rue Sigefroi, Tel. 442 32 31, Fax 44 44 84, www.goeres-group.com, €€€*

Parc Bellevue/Parc Plaza **[U B4]**
Zwei zusammengehörige Häuser in ruhiger, zentraler Lage. Zu Fuß fünf Minuten in die City. Schöne Aussicht ins Tal der Pétrusse. Tiefgarage. *58 und 89 Zi., 5, avenue Marie Thérèse, Tel. 456 14 11, Fax 456 14 12 22, www.goeres-group.com, €€€*

Sieweburen **[O]**
Am Stadtrand im Grünen, dennoch nur 2 km ins Zentrum. Rustikal, kinderfreundlich, gutes Restaurant. *14 Zi., 36, rue des Septfontaines, Tel. 44 23 56, Fax 44 23 53, sieweburen@pt.lu, €€–€€€*

AM ABEND

Aktuelle Veranstaltungstipps (fürs ganze Land) findet man täglich im »Luxemburger Wort« und im »Tageblatt«. Informativ und übersichtlich: die »Agenda Touristique« (auf Französisch), herausgegeben vom

Office National du Tourisme, und das »Rendez-Vous« (City Tourist Office). Beide liegen gewöhnlich in den Hotels aus. Einmal jährlich erscheint außerdem der »Explorator« (französisch) mit den wichtigsten Adressen von ganz Luxemburg. Im Internet können Sie sich informieren unter *www.luxembourgnightlife.com*, *www.party.lu* und *www.explorator.lu*. 74

Die Theater und die Philharmonie *(Grand Théâtre, 1, rond-point Schuman, Tel. 47 96 39 00; Kapuziner-Theater, 9, Place du Théâtre, Tel. 47 96 40 54, www.theater-vdl.lu; Théâtre National, 194, route de Longwy, Tel. 26441270, www.tnl.lu; Philharmonie, 1, place de l'Europe, Tel. 260 22 71, www.philharmonie.lu; Kartenwebsite: www.luxembourgticket.lu)* spielen von September/Oktober bis Mai/Juni – meist Gastspiele, aber auch Eigen- und Koproduktionen auf Lëtzebuergesch, Deutsch und Französisch. Die Kinos (z. B. Großkino *Utopolis auf dem Kirchberg, Tel. 42 95 95, www.utopolis.lu*, oder Programmkino *Cinematèque an der place du Théâtre, Tel. 29 12 59*) zeigen Filme in der Originalsprache, meist mit französischen Untertiteln.

Die Ausgehszene hat sich in den letzten Jahren rasant entwickelt. In allen Stadtteilen gibt es schicke und originelle Cafés, Bars, Bistros, Clubs und Diskos mit DJs und Livemusik, die zum abendlichen Kneipenhopping einladen.

In der Altstadt kann man bequem zu Fuß von einem interessanten Lokal zum nächsten wechseln: vom gediegenen Musikclub *Clic (17, rue du St-Esprit)* ins legere *Bistrot d'Arts/Scene (6, rue Sigefroi)* mit Livemusik. Gleich daneben liegt das *Tube (8, rue Sigefroi)*, um die Ecke das *Majestic (24, rue de l'Eau)* und das *Urban (rue de la Boucherie)*. Quasi Tür an Tür: der sehr angesagte *V.I.P.-Room* und das *White*

In der Altstadt können Sie bequem zu Fuß von Lokal zu Lokal schlendern

ganz in Schwarz *(19 bzw. 21 rue des Bains)*. Am Limpertsberg nördlich der City das *Mukomuko (14, avenue de la Faïencerie)* »für Leute zwischen 18 und 88«.

Rauer und flippiger ist die Szene im Bahnhofsviertel in und um die *rue de Hollerich*, wo sich ein rundes Dutzend heißer Clubs ballen. Die interessantesten: *Marx Bar (42–44, rue de Hollerich)*, *Elevator (48, rue de Hollerich)* und der Livemusikclub *Atelier (54, rue de Hollerich, www.atelier.lu)*. Um die Ecke noch die coole Resto-Lounge-Bar *Cat Club (18, rue de l'Aciérie)*.

In der Unterstadt schließlich reiht sich von Grund bis nach Clausen ebenfalls eine Kneipe an die andere. Im sangesfreudigen *Café des Artistes (2, montée du Grund)* werden abends ab 10 Uhr Lëtzebuerger und Pariser Chansons geschmettert. Um die Ecke im *Scott's Pub (4, Bisserwé)* trifft sich die anglofone Szene der Stadt. Und auf dem Weg nach Clausen locken die fetzige Disko *Melusina (145, rue de la Tour Jacob)* und eine Reihe weiterer Lokale für jeden Geschmack.

Fahren Sie auf keinen Fall mit dem Auto in die enge Unterstadt! Alle Kneipen sind gut zu Fuß zu erreichen. Außerdem gibt es den *Citynightbus (www.citynightbus.lu)*. Er sammelt am Wochenende *(Fr und Sa 22–3 Uhr alle 15 Min., 1,50 Euro)* die Party-People ein und kutschiert sie zum Barhopping durch die ganze Stadt. Es gibt drei Linien, die wichtigste ist die CN 1 vom P-&-R-Platz an der Route de Bouillon (Bahnhofsviertel) durch alle kneipenrelevanten Bezirke zwischen Hollerich, Bahnhof, City, Altstadt, Unterstadt (Grund, Clausen) und wieder zurück. Die poppig angemalten Busse halten an Haltestellen mit dem Citynightbuslogo.

Inzwischen hat sich auch der Mittwoch zum beliebten Ausgehtag *Insider Tipp* entwickelt: Da sind oft noch mehr schicke Fashiongirls und -boys unterwegs als am Wochenende, wenn sich viel EU- und Businessvolk schon ins Weekend verkrümelt hat.

AUSKUNFT

Office National du Tourisme ONT

Tel. 428 28 21, Fax 42 82 82 38, www.visitluxembourg.lu, Infoschalter im Foyer des Hauptbahnhofs **[U C6]**

Luxembourg City Tourist Office **[U C3]**

place Guillaume II, 2011 Luxembourg, Tel. 22 28 09, Fax 46 70 70, www.lcto.lu

ZIEL IN DER UMGEBUNG

Bambësch **[114 C3]**

Im Nordwesten grenzt ein waldreicher Grüngürtel an die Hauptstadt: Auf »Baumbusch« kann man schön wandern und joggen oder am Stadtrand den *Outletshop der Keramikfabrik Villeroy & Boch (330, rue de Rollingergrund, Mo–Fr 9–18, Sa 9–17.15 Uhr, www.villeroy-boch.com)* besuchen. Am *Biergerkraeiz* kann man schön einkehren ins *Boos K'fe (tgl., 31, rue Biergerkraeiz, Bridel, Tel. 338 24 31, www.boos.lu, €–€€)*. Aus dem einst biederen Ausflugslokal ist eine angesagte Adresse mit rustikalem Chic nicht nur für Wanderer, Jogger und Biker, sondern abends auch für die Party-People aus der Stadt geworden.

Wallfahrten und Wassersport

Freizeit und Kultur kommen hier gut miteinander zurecht

Mitten durch Luxemburg fließt von Westen nach Osten die Sauer, die auf ihren rund 60 km Wegstrecke bis zur Mosel so einiges hinter sich bringt: Im Westen ist sie zum See aufgestaut, zur Freude aller Wassersportler und zum Nutzen vieler, die von ihrem Trinkwasserreservoir profitieren. Auf halbem Weg windet sie sich in einem engen Tal vorbei an schroffen Felsen und Burgen, bevor sie an ihrem Unterlauf die romantisch zerklüftete »Kleine Luxemburger Schweiz« mit der alten Abteistadt Echternach streift und in einem stillen Tal in die Mosel mündet. Sie ist so etwas wie die touristische Schlagader des Landes, sie lädt ein zum Baden, Windsurfen und Paddeln, an ihren Ufern kann man herrlich wandern und Rad fahren.

ECHTERNACH

[113 E2–3] Anziehender Mittelpunkt der gemütlichen, 5000 Ew. kleinen Stadt ist der Marktplatz mit seinen stattlichen Bürgerhäusern aus verschiedenen Jahrhunderten, einladenden Straßencafés, Geschäften und einem auffälligen, aus der geschlossenen Häuserzeile hervorspringenden Gebäude, dem Dënzelt (»Dingstuhl«, von Althochdeutsch *dingen,* »beraten«). Er wurde 1444 als Sitz des Schöffengerichts errichtet. Heute tagt in dem gotischen Saal der Gemeinderat von Echternach. Auf dem Platz steht auch noch eine Nachbildung des alten Gerichtskreuzes. Unter dem Urtsel (der Urteilssäule) wurden die Urteile verkündet und gegebenenfalls auch gleich vollstreckt.

An einem Ende mündet der Marktplatz in eine Fußgängerzone mit Hotels, Gaststätten und Geschäften, am anderen Ende schließt sich die mächtige Basilika mit den ausladenden ehemaligen Abteigebäuden an. Hier soll 698 der hl. Willibrord eine erste Kirche errichtet haben (2008 ist großes Willibrordusjahr mit vielen Veranstaltungen zum 1350. Geburtstag des Heiligen). Über Jahrhunderte war Echternach kultureller und politischer Mittelpunkt des ganzen Landes.

Um 1730 ließen die Mönche die alten Abteigebäude abreißen

1944 von deutschen Truppen fast völlig zerstört, wurde die Basilika in Echternach in ihrer ursprünglichen, romanischen Form wieder aufgebaut

Echternacher Markt: Im auffälligen Bau des Dënzelts tagt der Gemeinderat

und an deren Stelle einen neuen, prächtigen Bau von barocker Fülle errichten, der zusammen mit der romanischen Basilika das Stadtbild prägt. Heute beherbergt der Komplex ein Gymnasium und das Abteimuseum.

Höhepunkt im kulturellen Leben Echternachs ist das alljährliche *Musikfestival (www.echternachfestival.lu)* im Mai und Juni, bei dem in der Basilika und in der Pfarrkirche St. Peter und Paul Koryphäen der klassischen Musik aus aller Welt aufspielen. Außerdem ist die Stadt als Mittelpunkt der »Kleinen Luxemburger Schweiz« und des grenzübergreifenden Deutsch-Luxemburgischen Naturparks ein guter Ausgangspunkt für Wanderungen und Ausflüge in eine malerische Umgebung.

SEHENSWERTES

Basilika St. Willibrord

Der trutzigen Kirche mit den charakteristischen vier Ecktürmen ist heute nicht mehr anzusehen, dass sie 1944 von deutschen Truppen fast dem Erdboden gleichgemacht wurde. Nach dem Grundriss aus dem 11. Jh. ist sie wieder in ihrer ursprünglichen, romanischen Form aufgebaut worden (die erste Kirche des hl. Willibrord wurde von einem Feuer zerstört). Im Langhaus der dreischiffigen Halle aus Luxemburger Sandstein wechseln quadratische Stützpfeiler mit Rundsäulen ab. Dieser Stützenwechsel ging als »Echternacher System« in die Architekturgeschichte ein. Belebend wirken auch die Glasmalereien von französischen und Luxemburger Künstlern. Das

Herz der Basilika, die Krypta mit dem Willibrord-Grabmal, stammt zum Teil aus dem 8. und 9. Jh. Im Gewölbe sind Reste von Fresken aus dem 12. Jh. erhalten. Der schlichte merowingische Steinsarkophag mit den Gebeinen des Heiligen ruht unter einem neugotischen Schrein aus Carrara-Marmor, der 1906 angefertigt wurde. *Tgl. 9.30–18.30 Uhr*

St. Peter und Paul

Auf dem kleinen Hügel gegenüber der Basilika stand einst ein kleines Kloster, das die Trierer Äbtissin Irmina dem eigentlichen Klostergründer Willibrord vermachte. Die heutige Kirche wurde im 10. Jh. errichtet und mehrmals umgebaut und verändert.

SPAZIERGANG

Die ausgeschilderte *Via Epternacensis* verknüpft alle historischen Sehenswürdigkeiten der Stadt auf einem etwa 90-minütigen Rundgang. Los gehts an der Basilika, man geht durch den Abteihof in Richtung Klostergarten. Hinter einem kunstvoll verzierten schmiedeeisernen Tor sehen Sie zunächst die prächtige *Orangerie,* ein Werk des lothringischen Barockbaumeisters Leopold Durand, der zusammen mit dem Tiroler Baumeister Paul Mungenast den gesamten Neubau der Abtei gestaltet hat. Über den Prälatenweg gelangt man in den einstigen Lustgarten (jetzt Stadtpark) mit einem kleinen *Rokokopavillon.* Darin ein sehenswertes kleines *Museum (Ostern–Sept. tgl. 10–12 und 14–18 Uhr)* mit Modellen und audiovisuellem Programm über die Architektur im ländlichen Raum, die zum großen Teil von den Baumeistern der Abtei geprägt wurde. Dann geht es ein Stück die Sauer entlang bis zur *Sauerbrücke,* die zum deutschen Echternacherbrück führt. Von der Brücke aus gelangt man durch schmale Gässchen ans andere Ende der Stadt zu den restaurierten Resten der mittelalterlichen *Stadtmauer* mit einst 14 Türmen und sechs Toren. Fünf Türme mit Mauerteilen sind erhalten, zum Teil befinden sich Wohnungen darin. Vier davon werden sogar als Ferienwohnungen vermietet *(Auskunft: Tel. 72 02 30).* Insider Tipp Weiter gehts in die rue Duchscher

MARCO POLO Highlights »Im Tal der Sauer«

★ **Abteimuseum**
Die Kopien der berühmten Schreibstube der Abtei in Echternach (Seite 50)

★ **Esch-sur-Sûre**
Burg, Fluss und Stausee: eine Landschaft als »Gesamtkunstwerk« (Seite 53)

★ **Ruine Bourscheid**
Eindrucksvolle Burg über dem Tal der Sauer (Seite 56)

★ **Echternacher Springprozession**
Die bizarre Prozedur wurde zum Wahrzeichen der Stadt (Seite 50)

Echternacher Springprozession

Drei Schritte vor und zwei zurück?

Die Experten bestreiten, dass es bei der ★ Echternacher Springprozession jemals die sprichwörtlichen drei Schritte vor und zwei zurück ging. Heute jedenfalls fassen sich die Pilger reihenweise an weißen Tüchern und hüpfen im Polkarhythmus mehrerer Blaskapellen von einem Fuß auf den anderen – vom Abteihof durch die Stadt in die Basilika an das Grab des heiligen Willibrord. Eine sportlich-meditative Höchstleistung, die aber nur noch wenige perfekt beherrschen. Der genaue Ursprung und Sinn der Prozedur liegen im Dunkeln. Ist es eine Art Freudentanz, den die Echternacher ihrem Befreier Willibrord zu Ehren darbrachten? Oder eher ein Antiveitstanz gegen Fallsucht und andere Gebrechen, für die ebenfalls St. Willibrord zuständig ist? Wie dem auch sei: Die Springprozession am Dienstag nach Pfingsten ist als Markenzeichen von Echternach nicht wegzudenken.

mit einem renovierten gotischen Haus, dann über den Marktplatz und die Peter-und-Paul-Kirche zum Schlusspunkt des Weges, einem kleinen Gartenpavillon im Schatten der Basilika, wo man alter Musik und Texten über Echternach lauschen kann.

MUSEEN

Abteimuseum

★ Das Leben des heiligen Willibrord wird hier multimedial in all seinen Facetten dokumentiert, dazu die Handschriften der weltberühmten Echternacher Schreibschule, die bei der Klosterauflösung in alle Winde zerstreut wurden. Die berühmteste Vorlage, das Willibrord-Evangeliar, das der Klostergründer aus England nach Echternach mitgebracht hatte, ist heute im Besitz der Pariser Nationalbibliothek. Eine weitere kostbare Handschrift der Abtei, der Codex Aureus, ein mit goldener Tinte geschriebenes Evangeliar, befindet sich im Germanischen Nationalmuseum in Nürnberg, andere Schriften hat es nach Madrid, Uppsala, Brüssel oder Bremen verschlagen.

Das Abteimuseum Echternach muss sich mit Faksimiles zufrieden geben, die jedoch derart hochwertig sind, dass der Besucher einen ausgezeichneten Eindruck von der großen Kunst der Mönche bekommt. Außerdem wird gezeigt, wie Tinten, Farben und das Schafspergament hergestellt wurden, auf dem die Mönche schrieben. *11, parvis de la Basilique, Palmsonntag–Okt. tgl. 10–12 und 14–17 (Juli/Aug. bis 18) Uhr, Nov.–Palmsonntag Sa/So 14–17 Uhr, Führungen n. V., Tel. 72 04 57*

Römermuseum

Ganz in der Nähe des Freizeitzentrums Löschental wurden 1975 bei Ausgrabungsarbeiten die Reste einer Römervilla freigelegt, die sich als größte bisher bekannt gewordene gallorömische Anlage in Luxemburg entpuppte. Zu sehen sind Relikte einer Säulenhalle, Thermen, Wasserbecken und Reste der Fußbodenheizung. Im neuen Museumspavillon werden multimedial Szenen aus dem römischen Alltagsleben dargestellt. Dazu ein römischer Garten und ein *Auditorium Musica et Vox* mit Veranstaltungen zum Thema römische Musik und Sprache. *Palais Romains, Palmsonntag–Juni und Sept. Di–So 11–13 und 14–17 Uhr, Juli/Aug. 10–18 Uhr, Führungen n. V., Tel. 72 04 57*

ESSEN & TRINKEN

Benelux
Ein guter, preiswerter Italiener. *Do geschl., 27, place du Marché, Tel. 72 03 61,* €

Brasserie 1900
Sehr gute Küche. Mittagsmenü für 9 Euro! *Tgl., 19, place du Marché, Tel. 26 72 12 65,* €

Café de la Poste
Sympathisches, kleines Lokal am Markt mit Außenterrasse. Preiswerte Gerichte (mittags um 5 Euro). *Tgl., 3, place du Marché, Tel. 72 02 31,* €

Insider Tipp **Confiserie-Pâtisserie Simon**
Köstliche Kuchen, Torten und Pralinen in dem kleinen Café am Markt. *Di geschl., 31, place du Marché*

ÜBERNACHTEN

Belair
Traditionshaus mit schönem, neuem Wellnesscenter. Die Zimmer (unbedingt zur Parkseite buchen!) werden nach und nach modernisiert. *39 Zi., 1, route de Berdorf, Tel. 72 93 83, Fax 72 86 94, www.belair-hotel.lu,* €€–€€€

Eden au Lac
Fünfsternehaus inmitten des Naherholungsgebiets Löschental mit sportlich-eleganter Note. Neues Thermal-Wellness-Center mit großem Schwimmbad, Tennis, Squash. Zwei Restaurants. *60 Zi., Oam Nonnesees, Tel. 72 82 83, Fax 72 81 44, www.edenaulac.lu,* €€€

Grand Hotel
Viersternehotel 1 km außerhalb der Stadt im Grünen. Pool, Sauna und Wellnessbereich, auch großzügige Suiten. Restaurant. *36 Zi., 27, route de Diekirch, Tel. 72 96 72, Fax 72 90 62, www.grandhotel.lu,* €€–€€€

Au Vieux Moulin
Gepflegtes, kleines Haus in schöner, ruhiger Umgebung. Gutes Restaurant (€€), günstige Pauschalarrangements. *8 Zi., Echternach-Lauterborn, Tel. 720 06 81, Fax 72 71 25, www.au-vieux-moulin.com,* €

Wohnen auf dem Bauernhof
Interessante Alternative zum Hotel: sechs Zimmer und drei Ferienwohnungen auf dem Bauernhof mit kleiner Wellnessanlage. *Meyer-Ernzen, Rodenhof 1, Tel. 72 04 22, www.meyer-ernzen.lu,* €

Youth Hostel Echternach Insider Tipp
Eine Alternative besonders für Familien und Gruppen: die topmoderne, schön am See gelegene, neue Jugendherberge. Cafeteria mit preiswerten Gerichten und großzü-

Fünf Jahrhunderte wurde immer wieder an und in der verschachtelten Burg von Bourglinster gebaut, die heute als Kulturzentrum genutzt wird

giger Außenterrasse. Große Indoor-Kletterwand. *27 Zi. (2–6 Betten), chemin vers Rodenhof, Tel. 72 01 58, echternach@youthhostels.lu, €*

AUSKUNFT

Entente SIT Mullerthal
Parvis de la Basilique, 6401 Echternach, Tel. 72 04 57, Fax 72 75 24, www.mullerthal.lu

ZIELE IN DER UMGEBUNG

Bourglinster **[112 C4–5]**
Das etwa 20 km südwestlich gelegene Bourglinster bietet ein sorgsam restauriertes Dorfbild mit der *Burg* als beherrschendem Mittelpunkt. In der verschachtelten, vollkommen renovierten Anlage vereinen sich Bauelemente aus fünf Jahrhunderten. Genutzt wird der Komplex heute als Kulturzentrum mit Kunstausstellungen und musikalischen oder literarischen Veranstaltungen. Auch ein sehr gutes Restaurant *(La Distillerie, Di–Sa ab 19 Uhr und So-Mittag, Tel. 787 87 81, www.bourglinster.lu, €€€)* und eine gemütliche Taverne mit Terrasse finden Sie in der Burg.

Larochette **[112 C3]**
Eine mächtige *Burganlage* aus dem 11./12. Jh. thront auf einem Felsvorsprung über dem kleinen Ort 20 km westlich im Tal der Weißen Ernz. Im 14. Jh. bewohnten fünf herrschaftliche Familien die Anlage, die sich alle ihre eigenen Häuser in der Burg bauten. Zwei davon, das *Homburger* und das *Kriechinger Haus,* beide restauriert und teilweise wieder aufgebaut, sind beachtliche Zeug-

nisse mittelalterlicher Burgbaukunst *(Ostern–Okt. tgl. 10–18 Uhr)*. Der Ort zu Füßen der Burg hat einen schönen Dorfplatz mit südlichem Flair, die *Bleiche*. Auskunft: *Syndicat d'Initiative, 7619 Larochette, Rathaus, Tel. 83 76 76, www.larochette.lu*

NATURPARK OBERSAUER

[110–111 B–D 2–4] Wenn man von der breiten Nationalstraße 15 auf der Höhe von Esch abbiegt, gelangt man durch einen kleinen Felstunnel in eine andere Welt: Wieder zieht die Sauer eine enge Schleife; dahinein schmiegt sich der malerische Ort ★ *Esch-sur-Sûre* (270 Ew.). Einen schönen Kontrast dazu bildet die 1 km flussaufwärts sich quer durchs Tal ziehende, 48 m hohe *Obersauer-Talsperre*, die seit 1959 das Flüsschen auf einer Länge von 19 km zu einem See aufstaut. Dieser ist Trinkwasserreservoir, Wassersportzentrum, Erholungsgebiet und Mittelpunkt des Naturparks Obersauer in einem. Von der Fußgängerbrücke, die bei *Lultzhausen* die beiden Ufer verbindet, hat man einen schönen Blick auf den künstlichen See, der sich gleichwohl harmonisch in die sanft gewellte Landschaft einfügt. Erst ab hier, 5 km flussaufwärts hinter der Staumauer, darf er touristisch genutzt werden. Badestrände gibt es in *Baschleiden, Bavigne, Insenborn, Lultzhausen* und *Liefrange* (Segel- und Surfzentrum).

Von Mai bis Mitte Oktober können Sie von Insenborn aus kleine Seerundfahrten mit dem Solarboot unternehmen (Auskunft im Naturparkzentrum). Wie man sieht, im Naturpark ist sanfter Tourismus angesagt: kinderfreundlicher Urlaub

Luxemburger »Lappalien«

So nennt der Luxemburger Autor Guy Helminger seine satirischen Miniaturen

Die Luxemburger Schriftsteller schreiben mehrsprachig, also auch auf Deutsch. Der mit dem spöttischsten Zungenschlag ist Guy Rewenig. Seine beiden Kurzgeschichtenbände »Dein Herz aus Eis macht mich ganz heiß« und »Der echte Kanufahrer rudert mit den Händen« sind amüsant zu lesende satirische Miniaturen, die viel über das Wesen der Luxemburger aussagen. Auch der in Köln lebende Guy Helminger schreibt hoch gelobte Lyrik und Kurzgeschichten (»Verwanderung«, »Etwas fehlt immer«). Er gehört auch zu den Autoren der neuen Krimianthologie »D'Messer am Réck«, 22 makaber-skurrile Kurzgeschichten, die meisten davon auf Deutsch. Zu einem großen Romanzyklus ausgeholt hat Roger Manderscheid: In »Tschako Klack«, »Der Papagei auf dem Kastanienbaum«, »Feuer und Flamme« und »Kühe im Nebel« erzählt er die Nachkriegsgeschichte Luxemburgs bis zur Gegenwart.

auf dem Biobauernhof, ausgezeichnete Gastronomie mit Naturparkprodukten, Baden und Wassersport (keine Motorboote!) und natürlich Wandern.

SEHENSWERTES

Burgruine Esch

Eine enge Straße mit alten Bürger- und Bauernhäusern führt hoch zum Burggelände, von wo man einen schönen Blick auf den Ort und den Fluss hat. Die Burgruine besteht im Wesentlichen aus zwei Türmen. Der untere, rechteckige *Bergfried* stammt aus dem 10. Jh. und gehört zusammen mit der darunter liegenden, restaurierten romanischen Burgkapelle zur Kernburg, die im 13. Jh. um eine Vorburg mit Ringmauer erweitert wurde. Der obere, vorgeschobene, runde *Lochturm* (»Lug- und Spähturm«) kam erst im 15. Jh. dazu. Er liegt auf einem benachbarten Hügel und kann nur vom Unterdorf aus erreicht werden (Treppe neben dem Hotel Post). Hinter dem Lochturm steht eine Muttergottesstatue von 1910; von hier haben Sie den schönsten Blick aufs Tal der Sauer.

Kerzenmanufaktur

In Esch wurde eine kleine Kerzenmanufaktur aus dem Jahr 1885 wiederbelebt. *1, rue du Moulin, Mo bis Fr 8–12 und 13–18, Sa 9–12 und 14–17 Uhr*

Themenwanderwege

Im Park gibt es mehrere interessante Themenwege unter dem Motto »Auf der Spur von Wasser und Natur«. Ein »Religiöser Rundweg« streift alle bedeutenden Sakralbauwerke in der Region, unter anderem die kleine Kirche in *Rindschleiden,* in der schöne Fresken aus dem 15. Jh. versteckt sind. Ein weiterer

Am Obersauer-Stausee: baden und paddeln, wandern und segeln

Rundweg führt zu den Mühlen, ein dritter zu Bunkern, Kanonen, Denkmälern – zu den Spuren, die der Krieg hinterlassen hat. Von *Kaundorf* aus hat man auf einem ausgeschilderten Panoramaweg einen wunderbaren Ausblick auf den See. Die *Skulpturen-Wanderwege* bei Lultzhausen und Arsdorf führen zu den beeindruckenden Kunstwerken zweier Bildhauersymposien am See, und ein neuer, großer Legendenrundweg erstreckt sich über 19 Stationen bis nach Belgien. Am Naturparkzentrum in Esch schließlich beginnt der schöne zweistündige, markierte Rundwanderweg »Geheimnisvolles Esch« *(mit Audioguide 4 Euro)*, der 21 historische Stationen rings um den Ort miteinander verknüpft.

MUSEEN

Freilichtmuseum Thillenvogtei
Eine Attraktion für Groß und Klein ist dieses Freilichtmuseum in *Wahl*, in dem die Besucher aktiv ins Säen, Ernten, Brotbacken, Buttern nach Art der Großmutter miteinbezogen werden. *Geöffnet nur nach Vereinbarung, Tel. 83 81 80, www.wahl.lu (Link »infos touristiques«)*

Schiefermuseum
Wie werden Platten, z. B. für Dächer, aus dem brüchigen Schieferstein hergestellt? Das kann man erfahren (und selber ausprobieren) in einer stillgelegten Schiefergrube an der belgischen Grenze, die Schritt für Schritt in ein interessantes Industriemuseum umgewandelt wird. *Maison 3, Obermartelange, Führungen Juli/Aug. Mi und So 15 Uhr und n. V., Tel. 23 64 07 53, www.schiefer.lu*

Textilmuseum
Die alte Tuchfabrik in *Esch* ist heute Textilmuseum. Auf den alten Webmaschinen werden vor den Augen der Besucher wieder Stoffe und Decken hergestellt, die man vor Ort kaufen kann. *15, route de Lultzhausen (im Naturparkzentrum Obersauer, Führungen n. V.)*

ESSEN & TRINKEN ÜBERNACHTEN

Beau-Site
Gemütliches, gutbürgerliches Haus an der Sauer. Gute Küche. *18 Zi., Esch, 2, rue de Kaundorf, Tel. 83 91 34, Fax 89 90 24, www.beau-site.lu*, €–€€

La Diligence
Preiswertes Lokal mit guter Küche und ländlichem luxemburgischem Charme. *11 Zi., Arsdorf, 17, rue du Lac, Tel. 23 64 95 55, Fax 23 64 02 63, www.ladiligence.lu*, €

De la Sûre
Populäres Hotelrestaurant im alten Dorfkern mit guter, variantenreicher Küche. Zimmer einfach bis komfortabel. Das Haus organisiert für seine Gäste geführte Wanderungen und Mountainbiketouren. Wer sich weniger abstrampeln will, kann sich hier auch Solarräder mit Akkutrethilfe ausleihen (13 Euro pro Tag)! Insider Tipp *23 Zi., Esch, 1, rue du Pont, Tel. 83 91 10, Fax 89 91 01, www.hotel-de-la-sure.lu*, €–€€€

EINKAUFEN

Buttik vum Sei
Im neuen Gewerbegebiet von Heiderscheid finden Sie seit Sommer 2007 dieses Geschäft mit Metzge-

Bourscheid: Im Sommer ist die Burg Kulisse für Konzerte und Ausstellungen

rei, in dem alle Produkte des Naturparks verkauft werden.

AUSKUNFT

Naturparkzentrum Obersauer
15, route de Lultzhausen, 9650 Esch-sur-Sûre, Tel. 899 33 11, Fax 89 95 20, www.naturpark-sure.lu

ZIELE IN DER UMGEBUNG

Bourscheid **[112 A1]**
Zwischen der Obersauer-Talsperre und Diekirch windet sich die Sauer durch die Ausläufer der Ardennen. Während sie an ihrem Unterlauf, flankiert von Wiesen und Wäldern, durch idyllische Auen fließt, steigen die Ufer hier zuweilen steil und schroff nach oben. Auf einem dieser Felsen, die sich über dem Fluss erheben, thront 15 km östlich von Esch majestätisch die ★ *Ruine Bourscheid (April–Sept. tgl. 9–18, Okt. 10–17, Nov.–März Sa/So 10 bis 17 Uhr)*, die zweitgrößte Burganlage im Land und so schön gelegen wie kaum eine andere.

Die weitläufige Anlage wuchs in verschiedenen Etappen. Im 11. Jh. entstand ein Wohnturm mit Kapelle, im 14. Jh. kamen eine Ringmauer mit sechs Türmen und das so genannte Stolzemburger Haus, ein großer Wohntrakt, dazu. Im 15. Jh. wurde der obere Teil der Burg weiter ausgebaut. Im 19. Jh. verfiel die Anlage (ausnahmsweise einmal ohne Feindeinwirkung); seit 1972 wird sie sorgsam restauriert. Es macht richtig Spaß, die vielen Treppen, Türme, Mauern und Geschosse der Burg zu erklettern, denn von überall hat man einen phantastischen, immer wieder anderen Blick in das windungsreiche Tal der Sauer. In der Burg finden im Sommer Ausstellungen, Konzerte und Theateraufführungen statt. Auskunft: *Syndicat d'Initiative, im Kiosk an der Burg, 9140 Bourscheid, Tel. 90 80 40, www.bourscheid.lu).* Vom *Grenglay* oberhalb der Ortschaft Bourscheid hat man einen schönen Blick auf die Burg und hinunter ins Sauertal.

Insider Tipp In *Bourscheid-Plage* kann man an einem der schönsten Badestrände der Sauer im flachen Wasser genussvoll plantschen und im ruhigen *Hotel Theis (19 Zi., Tel. 99 00 20, Fax 99 07 34, www.hotel-theis.com, €–€€)* gut essen und übernachten. Im nahen *Lipperscheid* bietet das wunderbar gelegene Sporthotel *Leweck* alle Möglichkeiten für einen gediegenen bis luxuriösen Aktivurlaub *(51 Zi., Tel. 99 00 22, Fax 99 06 77, www.sporthotel.lu, €€€).*

In *Welscheid* im Tal der Wark verwöhnt das *Hotelrestaurant Reuter (17 Zi., Tel. 81 29 17, Fax 81 73 09, www.hotel-reuter.lu, €)* seine Gäste in ländlicher Umgebung.

Diekirch **[112 B2]**

Ein freundlicher, kleiner Ort (6000 Ew.) 25 km östlich von Esch auf der Grenze zwischen dem Gutland und dem Ösling. In der Fußgängerzone tanzen auf einem Brunnen drei Esel um ein Bierfass, Verweis auf die heimischen Braukünste und die einstige Weinbautradition: Die Esel mussten in den Wingerten, den Weinbergen des Herrenberges, schuften, beim alljährlichen Bier- und Volksfest im Juli schäumt ihnen (und der gesamten Bevölkerung) der Gerstensaft um die Ohren.

Die Stadt geht auf eine keltische und römische Siedlung zurück, doch der *Deiwelselter* (Teufelsaltar) am Hardtberg vor der Stadt, der sich als keltische Kultstätte ausgibt, ist wohl nur eine Nachbildung aus dem 19. Jh. Unbestritten eine der ältesten Kirchen des Landes ist jedoch die *Alte St.-Laurentius-Kirche* aus dem 11. Jh., die auf den Resten eines frühchristlichen Sakralbaus aus dem 5. Jh. ruht. Das *Stadtmuseum (place Guillaume, 2007 wegen Renovierung geschl.)* zeigt römische Grabungsfunde, u. a. zwei sehenswerte Mosaikböden aus dem 3. Jh. Im *Museum für Militärgeschichte (10, rue Bamertal, April–Nov. tgl. 10 bis 18, sonst 14–18 Uhr, www.nat-military-museum.lu)* erinnert eine Dokumentation an die verheerenden Kriegsereignisse von 1944/45 im nördlichen Luxemburg, die als Ardennenschlacht in die Geschichtsbücher eingingen. Autofans sollten sich unbedingt das *Nationale Konservatorium für historische Autos* Insider Tipp *(20–22, rue de Stavelot, Di–So 10 bis 18 Uhr, www.cnvh.lu)* in einer ehemaligen Kutschenfabrik aus der Gründerzeit anschauen.

Diekirch ist auch Ausgangspunkt für Kanufahrten auf der Sauer und Radwanderungen auf schönen Radwegen am Fluss. Boote und Räder können geliehen werden. Das sympathische *Hotel-Restaurant Dahm (24 Zi., 57, porte des Ardennes, Tel. 816 25 51, Fax 816 25 52 10, www.hotel-dahm.com, €–€€)* mit guter Küche in Erpeldange 3 km westlich ist ein guter Ausgangspunkt für Ausflüge in alle Himmelsrichtungen.

Auskunft: *Syndicat d'Initiative, 3, place de la Libération, 9255 Diekirch, Tel. 80 30 23, Fax 80 27 86, www.diekirch.lu*

Bauernland zwischen Berg und Tal

Der raue, menschenarme Norden hat viele versteckte Reize

Die Sauer zieht eine markante Trennungslinie durch das Land: Südlich erstreckt sich das so genannte Gutland, das in sanften Wellen zur Hauptstadt hin ausläuft. Im Norden liegt der Ösling, wie die Luxemburger ihren Teil der Ardennen *(www.ardennes-lux.lu)* nennen, jenes waldreiche, einsame Hügelland mit seinen weiten Hochebenen, auf denen die Bauern ihre Felder bestellen, und den plötzlich jäh abfallenden Tälern, in denen die beiden hübschesten Städtchen Clervaux und Vianden liegen. Wiltz, die dritte im Bunde, ist »ganz auf der Höhe« und blickt gelassen in eine Gegend, in der alles weiter, ruhiger, leerer ist, in der die Dörfer karger und die Menschen zurückhaltender sind als im geschäftigen Süden.

Viele von ihnen sind in der Vergangenheit nach Übersee ausgewandert oder zumindest in den Süden des Landes gezogen, um ihr ärmliches Bauerndasein gegen einen Job im Industrierevier oder in der boomenden Hauptstadt einzu-

Die Landschaft bei Clervaux lädt zu Wanderungen abseits des Trubels

Auch die Briefkästen präsentieren sich in Luxemburg zweisprachig

tauschen. »Der Öslinger Bauer gehört zur Familie wie der Onkel in Amerika«, schreibt der Luxemburger Autor Paul Kieffer. Heute ist eine umgekehrte Bewegung feststellbar: Viele ziehen aus dem Ballungsraum um die Hauptstadt wieder in den Norden, weil da die Grundstücke preiswerter sind und das bäuerliche Erbe und die Ruhe und Schönheit der weiten Hochebenen, romantischen Täler und dichten Wälder als wichtiger Zugewinn an Lebensqualität empfunden werden.

Der Fremdenverkehr ballt sich vor allem in der Gegend um Vianden. Den äußersten Norden des Landes gilt es erst noch richtig zu entdecken. Er überrascht vor allem

Die Pfarrkirche von Clervaux – links im Bild – wurde erst Anfang des 20. Jhs. nach dem romanischen Vorbild von Cluny in Burgund gebaut

auch durch eine Vielzahl christlicher Kunstwerke, die sich in kleinen Dorfkirchen verbergen. Leider sind fast alle wegen der Diebstahlgefahr abgeschlossen, aber ein Schlüssel ist in der Nachbarschaft meist vorhanden.

CLERVAUX

[109 D4] Von der breiten E 421, die von der Stadt Luxemburg ins belgische St-Vith führt, biegt man auf einem Hochplateau ab und blickt nach wenigen Kilometern in ein stilles, enges Tal, in dem sich rings um einen zentralen Burgkomplex und eine neoromanische Kirche am Ufer der Clerve stilvoll alte Häuser ducken. Darüber thront, auf einer Anhöhe jenseits des Tals, eine weitläufige Benediktinerabtei, deren hellrote Dächer schon von weitem Aufmerksamkeit erregen: Clervaux, Hauptort des nördlichen Landesteils, ist mit seinen 1800 Ew. ein kleiner, verträumter Luftkurort in landschaftlich schöner Lage, die zu Wanderungen abseits allen touristischen Trubels einlädt.

SEHENSWERTES & MUSEEN

Benediktinerabtei St. Mauritius und St. Maurus

Die doppeltürmige Pfarrkirche im Ort und die Abtei am Hang gegenüber wurden beide 1910 errichtet. Die Abtei gründeten aus Frankreich vertriebene Benediktinermönche, die ihre Kirche nach dem romanischen Vorbild des Klosters Cluny in Burgund gestalteten. Im Inneren des strengen Gotteshauses Altäre aus dem 16. Jh., in der Krypta ein kleines Museum über das Leben der Mönche.

Burg

Vom Marktplatz aus steigt man über eine Treppe oder durch die gemütliche Fußgängerzone hinauf zur Burg, wo im Hof ein alter Panzer der US-Army Wache hält: Hinweis darauf, dass das bis dahin gut erhaltene alte Gemäuer aus dem 12. Jh. 1944, beim letzten Gegenschlag der deutschen Truppen (der so genannten Ardennenoffensive), in Brand geschossen wurde, ehe amerikanische Panzer Clervaux und das ganze Land befreiten. Nach dem Krieg wurde die Burg wieder aufgebaut.

Aus dem Burghof tritt man durch eine Toreinfahrt in einen umbauten Innenhof. Die sorgsam restaurierten Gebäudeteile beherbergen heute drei Museen.

Das *Museum der Ardennenschlacht* zeigt Dokumente, Trophäen, Fotos und Kriegsgerät. Im *Burgenmuseum* finden Sie Modelle der wichtigsten luxemburgischen Burganlagen *(beide Museen Juni Mo–Sa 13–17, So 11–18, Juli–15. Sept. tgl. 11–18, 16. Sept.–Dez. und März bis Mai Sa/So 13–17 Uhr)*.

Die alles überragende Ausstellung ist jedoch Edward Steichens berühmter Fotosammlung ★ *The Family of Man (März–Ostern und Mitte Sept.–Dez. Di–So, Ostern bis Mitte Sept. tgl. 10–18 Uhr, www.thefamilyofman.lu)* gewidmet, einem kulturellen Kleinod mitten auf dem Land. Steichen wanderte 1881 im Alter von zwei Jahren mit seinen Eltern in die USA aus. In den Zwanzigerjahren machte er zunächst Furore als Modefotograf für »Vogue« und »Vanity Fair«. 1947 wurde er Direktor der Fotoabteilung des New Yorker Museum of Modern Art, für die er die Ausstellung »The Family of Man« zusammenstellte: 503 Fotografien von 273 Fotografen aus 68 Ländern zeichnen subjektive, eindrucksvolle Studien von Menschen in Freude und Not, von Schönheit und Reichtum der Erde – aber auch davon, was der Mensch mit ihr angestellt hat.

Klëppelkriegerdenkmal

Unweit der Abtei steht ein Steinkreuz mit zwei Bronzereliefs, die Szenen aus dem Bauernaufstand von 1798 zeigen, als Öslinger Bauern mit Knüppeln (Lëtzebuergesch: *Klëppel)* gegen die französische

MARCO POLO Highlights »In den Ardennen«

★ **Burg Vianden**
Mittelalterliche Burg in Bilderbuchlandschaft (Seite 64)

★ **The Family of Man**
Die weltberühmte Fotosammlung im Schloss von Clervaux (Seite 61)

★ **Schnitzaltar**
Ein Kunstschatz in der unscheinbaren Dorfkirche von Hachiville (Seite 63)

★ **Tal der Our**
Eine Oase der Ruhe: der neue Naturpark Our (Seite 67)

Obrigkeit vorgingen. Einer der Anführer, der »Schéifermisch«, der Schäfer Michel Pintz aus Asselborn, ist seither eine Art Nationalheld der Öslinger Bauern.

ESSEN & TRINKEN ÜBERNACHTEN

Les Écuries (Paardestal)
Der »Pferdestall« ist eine betriebsame Kneipe an der Auffahrt zum Hotel du Parc. Bodenständige Küche. Im Sommer schöne Außenterrasse. *Mo geschl., 1, rue du Parc, Tel. 92 03 64, €*

Hotel-Restaurant International
Komfortables Viersternehaus mit großem Wellnessbereich am Rand der Fußgängerzone. *52 Zi., 10, Grand-rue, Tel. 92 93 91, Fax 92 04 92, www.interclervaux.lu, €–€€€*

Insider Tipp **Manoir Kasselslay**
5 km von Clervaux mitten im Dorf Roder ein kleines, feines Landhotel mit einer wunderbar leichten, aromenreichen Küche zwischen bodenständig und raffiniert. Im Sommer wird auch auf der schönen Terrasse serviert. *6 Zi., Maison 21, Roder, Tel. 95 84 71, Fax 26 95 02 72, www.kasselslay.lu, €€€*

Du Parc
Im 19. Jh. verließen die Herren von Clervaux ihr altes Schloss und bauten sich dieses kleine Château in einem Park am Hang gegenüber. Am Wochenende müssen allerdings mindestens zwei Übernachtungen gebucht werden. Man speist sehr gut und nicht zu teuer im alten Salon des Hauses. Besonderer Pluspunkt: Alle Gerichte werden auch als halbe Portion serviert! *7 Zi., 2, rue du Parc, Tel. 92 06 50, Fax 92 10 68, www.hotelduparc.lu, €€*

St-Hubert
Gut geführtes Haus am Ortsrand über Clervaux. 21 angenehme Zimmer mit Blick in die Ardennen, Tennisplatz und gute bürgerliche Küche. *Clervaux Reuler, Maison 3, Tel./Fax 92 93 04, www.hotel-sthubert.lu, €–€€*

AUSKUNFT

Syndicat d'Initiative
Touristinfo im Schloss, 9712 Clervaux, Tel. 92 00 72, Fax 92 93 12, www.tourisme-clervaux.lu

ZIELE IN DER UMGEBUNG

Asselborn [108–109 C–D3]
Im Dorf Asselborn, 8 km nordwestlich von Clervaux, biegt man ab ins Tal des Eimeschbachs, wo nach wenigen Kilometern die alte *Asselborner Mühle* auftaucht, ein schön renoviertes Anwesen in traumhafter Lage, das heute das Hotel *Vieux Moulin d'Asselborn (Maison 158, Tel. 99 86 16, Fax 99 86 17, www.hotel-vieuxmoulin-asselborn.lu, €)* mit 15 rustikal eingerichteten Zimmern und einem vorzüglichen Restaurant (€€) beherbergt. Dazu gehört eine Gartenterrasse am Bach. Besondere Attraktion ist ein *Mühlenmuseum,* dessen Mühlräder sich bei *Führungen (nach Vereinbarung)* noch einmal zu drehen beginnen. Insider Tipp

Hachiville [108 C3]
In diesem unscheinbaren Dorf gut 10 km nordwestlich verbirgt sich in der barocken Dorfkirche einer der

ganz großen Kunstschätze des Landes: ein spätgotischer ★ *Schnitzaltar* aus dem 16. Jh. mit Szenen aus dem Leben und Leiden Christi. Er stand ursprünglich in der Helzinger Klause, einer kleinen Einsiedlerkapelle in der Nähe des Dorfs. Von dort wurde er gestohlen, später wieder aufgefunden und dann in einen gesicherten Seitentrakt der Kirche gebracht. *Tgl. 9–18 Uhr*

Landmuseum A Schiewesch **[109 D3]**

In *Binsfeld,* wenige Kilometer nördlich von Clervaux, hat ein rühriger Verein im restaurierten Gebäude einer alten Schäferei ein sachkundig und liebevoll eingerichtetes Heimatmuseum aufgebaut: Küche, Wohnraum, Schlafgemach, Scheune, Stall und Werkstatt mit entsprechendem Interieur aus dem 18. und 19. Jh. *Ostern–Okt. Di–So 14 bis 18 Uhr, sonst nach Vereinbarung, Tel. 97 98 20*

Troisvierges **[109 D3]**

Die drei Jungfrauen Spes, Fides und Caritas (»Hoffnung«, »Glaube« und »Nächstenliebe«), nach denen der 10 km nördlich von Clervaux gelegene Ort benannt ist, stehen als gotische Schnitzfiguren auf dem Seitenaltar der ehemaligen Insider Tipp *Franziskanerklosterkirche (tgl. 8–17 Uhr)* inmitten des Ortes. Die Kirche entfaltet mit ihrem imposanten Hauptaltar in dieser kargen Gegend eine ungewohnte barocke Pracht.

Weiswampach **[109 E3]**

Zwei künstliche Seen am Ortsrand ziehen hier 15 km nördlich Badefreunde und Wassersportler in die nördlichste Ecke des Landes. Im nahen *Holler* steht eine außergewöhnlich schöne *Dorfkirche* Insider Tipp aus dem 14. Jh. mit teilweise freigelegten Wandfresken und barockem Altar *(Schlüssel im Pfarrhaus, Tel. 99 82 54).*

Der Schnitzaltar von Hachiville: große Kunst im kleinen Dorf

VIANDEN

[109 F6] Egal, aus welcher Richtung man sich Vianden nähert, der erste Blickfang ist stets die riesige Burg, die sich auf einem Felsen über dem Tal der Our erhebt. Rund tausend Jahre wurde an ihr gebaut. Heute zieht die schöne mittelalterliche Burganlage jährlich um die 200 000 Besucher an. Da kann es vorkommen, dass die engen Gassen des gemütlichen Örtchens (1600 Ew.) im Sommer am Wochenende schon mal überquellen oder die Hotels und Restaurants ausgebucht sind. Im Winter dagegen ist der Ort oft wie ausgestorben.

Das geschlossene Straßenbild der *Grand-rue* mit ihren alten Adels- und Bürgerhäusern, die *Trinitarierabtei*, das alte *Gerichtskreuz*, das feudale *Renaissancerathaus* und die Reste der Ringmauer mit dem einstigen Wachturm *Hockelsturm* vermitteln noch viel von der Atmosphäre einer mächtigen mittelalterlichen Residenz. Die abwechslungsreiche Umgebung Viandens lädt zu ausgedehnten Wanderungen ein. Ein Sessellift hievt alle Lauffaulen zum schönen Aussichtspunkt (mit Restauration) oberhalb der Burg.

SEHENSWERTES

Burg Vianden

★ Man sollte sich die Zeit nehmen und vom Ufer der Our durch die lang gestreckte, leicht ansteigende *Grand-rue* mit ihren eng aneinander geschmiegten, schönen alten Häusern zur Burg hochsteigen, um einen zusammenhängenden Eindruck vom Gesamtensemble Stadt und Burg Vianden zu bekommen. Man kann sich dabei an den ausgeschilderten Weg »Intra muros – extra muros« (ca. 1,4 km) halten. Oben im Burghof besticht erst einmal der wunderschöne Blick auf den Ort und das Tal der Our. Danach kann man – wenn man will, für mehrere Stunden – in der weitläufigen Burg und ihrer Geschichte versinken.

Die gewaltige Anlage ist 85 m lang und 30 m breit. Die Grundmauern dürften aus dem 10. und 11. Jh. stammen, als die Herren von Vianden aus der Eifel hierher zogen und die Grafen von Vianden zu den mächtigsten Herren zwischen Rhein, Mosel und Maas zählten. Im 15. Jh. verlor Vianden seinen Rang als Residenz und verfiel. 1820 wurde die Burg von König Wilhelm I. zum Abriss versteigert.

Der Rundgang durch die mit großem Aufwand restaurierte Burg beginnt im *Kleinen Palas* (Ende 12. Jh.) und führt unter anderem über den Waffensaal, die untere Kapelle und eine Ritterstube über einen Wehrgang in den repräsentativen *Byzantinischen Saal* im ersten Stock mit schönem Ausblick durch die mächtigen Kleeblattfenster hinunter ins Tal. Der *Große Palas* vom Anfang des 13. Jhs. beherbergt einige weitere Festsäle und einen großen Rittersaal mit schönen Stilmöbeln. Eindrucksvoll ist die zehneckige Burgkapelle, die über eine Öffnung mit der direkt darunter gelegenen unteren Kapelle verbunden ist, wo sich einst das einfache Volk versammelte. In einem kleinen Burgmuseum werden die verschiedenen Bauphasen anschaulich dargestellt. In den Sommermonaten belebt ein reichhaltiges Kulturprogramm das imposante Burggelände. Höhepunkt ist die mittelalterliche Festwoche mit Ritterkämpfen, Festgelagen und alter Musik Anfang August. Und am Wochenende des dritten Advents schlägt ein stimmungsvoller mittelalterlicher Weihnachtsmarkt innerhalb der Burgmauern seine Stände auf. *März und Okt. tgl. 10–17, April–Sept. 10–18, Nov. bis Feb. 10–16 Uhr, Auskunft und Führungen Tel. 84 92 91, Fax 84 92 84, www.castle-vianden.lu*

In der Ruhe liegt die Kraft: der schöne gotische Kreuzgang der Trinitarierkirche

Trinitarierkirche
Die einstige Abteikirche in der Altstadt, Mitte des 13. Jhs. von den Grafen von Vianden gestiftet, ist ein bauliches Kuriosum: Sie bestand zunächst aus zwei symmetrischen Kirchenschiffen, von denen eines dem Orden und eines der »gemeinen Bevölkerung« vorbehalten war. Erst 1644 wurde durch den nachträglichen Einbau eines Chores in die Osthälfte diese Symmetrie verändert. Sehenswert sind die von heimischen Künstlern geschaffenen Renaissance- bzw. Rokokoaltäre, das kunstvoll verzierte Chorgestühl und die Kanzel, die ursprünglich für die Luxemburger Kathedrale geschaffen worden war.

Hinter der Kirche lädt der schöne *gotische Kreuzgang* der ehemaligen Abtei mit Grabmälern des Viandener Grafengeschlechts zum geruhsamen Verweilen ein. *Tgl. 9 bis 18 Uhr*

MUSEUM

Victor-Hugo-Museum Insider Tipp
»Eure Stadt ist nicht bekannt genug, sie ist nicht so bekannt, wie sie es verdient. Ich werde alles tun, was ich vermag, um sie besser bekannt zu machen und um zu ihrem Wohlstand beizutragen«, hatte Victor Hugo 1863 geschrieben. Der große französische Romantiker war zwischen 1862 und 1871 viermal in Vianden. Zuerst als Tourist, 1871 dann aber als Exilant, der von der belgischen Regierung wegen seiner Verbindungen zum Aufstand der »Commune« in Paris des Landes verwiesen worden war. Vom 8. Juni bis 22. August jenes Jahres wohnte er in dem Häuschen an der Our-

brücke, in dem sich heute das Museum befindet. In dieser Zeit schrieb er Gedichte, führte akribisch Tagebuch über seine Ausflüge und fertigte eine Vielzahl kunstvoller Zeichnungen von Luxemburger Burgen und Landschaften an. All das ist in moderner, multimedialer Präsentation im Museum zu sehen. *37, rue de la Gare, Di–So 11–17 Uhr, www.victor-hugo.lu*

ESSEN & TRINKEN ÜBERNACHTEN

Aal Veinen
Klein, gemütlich und mit guter Küche. *8 Zi., 114, Grand-rue, Tel. 83 43 68, Fax 83 40 84, www.hotel-aal-veinen.lu,* €

Le Belvédère
Gepflegtes Haus oberhalb der Stadt mit schönem Blick auf die Burg vis-a-vis. *16 Zi., 4, route de Diekirch, Tel. 26 87 42 44, Fax 26 87 42 43, www.hotelbelvedere.lu,* €€

Auberge du Château
Traditionshaus mit preiswerten Zimmern und gutem Restaurant. *40 Zi., 74–80, Grand-rue, Tel. 83 45 74, Fax 83 47 20, www.auberge-du-chateau.lu,* €

Heintz
Gediegene Gastlichkeit in einem Bürgerhaus aus dem 17. Jh. Ein gutes Restaurant gehört dazu. *30 Zi., 55, Grand-rue, Tel. 83 41 55, Fax 83 45 59, www.hotel-heintz.lu,* €, *Restaurant* €€

Oranienburg
Gemütliches Haus in der Nähe der Burg. Ausgezeichnete Küche im Bistro und im Restaurant *Le Châtelain. 25 Zi., 126, Grand-rue, Tel. 834 15 31, Fax 83 43 33, oranienburg@hotmail.com,* €–€€

Petry
Neues Haus am Ufer der Our, moderne Zimmer, gute, preiswerte Küche. *26 Zi., 15, rue de la Gare, Tel. 83 41 22, Fax 84 91 91, www.hotel-petry.com,* €–€€

Victor Hugo
Hier soll der Dichter seinen Dämmerschoppen genommen haben. Die Zimmer sind renoviert, das Restaurant bietet gute Küche. *20 Zi., 1, rue Victor Hugo, Tel. 834 16 01, Fax 84 91 22, www.hotelvictorhugo.lu,* €

AUSKUNFT

Syndicat d'Initiative
1a, rue du Vieux Marché, 9419 Vianden, Tel. 83 42 57, Fax 84 90 81, www.vianden.eu

ZIELE IN DER UMGEBUNG

Pumpspeicherwerk Vianden **[109 F6]**
Oberhalb Viandens ist die Our auf einer Länge von 8 km zu einem See aufgestaut, der ein Kraftwerk in Gang hält: Das Wasser wird in zwei höher gelegene Becken auf dem 460 m hohen Nikolausberg gepumpt und zur Stromproduktion je nach Bedarf wieder auf bis zu neun Turbinenanlagen »losgelassen«. Die unterirdische Zentrale, eine in den Berg gebaute Maschinenhalle dieses größten Pumpspeicherwerks Europas, kann besichtigt werden. Führungen für Gruppen auf Voranmeldung. *Société Électrique de l'Our, Ostern–Sept. tgl. 10–20, Okt.–Os-*

tern 10–16 Uhr, www.seo.lu, Tel. 849 03 11

Tal der Our **[109 E–F 2–6]**

★ Das stille, verwinkelte Tal des Grenzflusses zu Deutschland ist vor allem auf dem Abschnitt zwischen Vianden und dem Dreiländereck bei Ouren eine der besonders schönen, romantischen und unberührten Ecken des Landes. Schon bei einer gemächlichen Fahrt mit dem Auto oder dem Fahrrad über die enge, baumbestandene Uferstraße erschließt sich einem ihr Reiz.

Viel mehr aber noch, wenn man das Auto unterwegs stehen lässt und einfach draufloswandert: am Stausee entlang oder später am flachen, gewundenen Fluss, quer durch die Auen und Wälder oder gezielt zu einer der Burgen in der Nähe, etwa zur *Burg Roth* **[109 F6]** südlich oder zur Burgruine *Stolzemburg* **[109 F5]** nördlich von Vianden. Hier führt auch ein geologischer Lehrpfad zum *Kupfergrubenmuseum* mit Bergwerksstollen im Dorf Stolzembourg *(4 a, rue Principale, Ostern–15. Juli So, 16. Juli–15. Sept. tgl. 14–18 Uhr, sonst nach Vereinbarung, Tel. 84 93 25 27)*. Weiter nördlich, ab Dasburg, führt nur noch ein 20 km langer, einsamer Rad- und Wanderweg längs der Our nach Lieler zum Monument der drei Grenzen zwischen Luxemburg, Deutschland und Belgien.

Der neue *Naturpark Our (www.naturpark-our.lu)* versucht ähnlich wie der benachbarte Naturpark Obersauer alle Aktivitäten in der Region unter den Gesichtspunkten Ökologie und sanfter Tourismus zusammenzuführen. Es gibt interessante Themenwanderwege, zum Beispiel durch das Naturschutzgebiet *Cornelysmillen* bei Troisvierges oder der *Champs Élysées* längs der neu angelegten Hanf-, Raps- und Buchweizenfelder rings um Kalborn. Und der *Klangwanderweg (www.klanglandschaften.lu)* bei Hoscheid mit seinen 14 wunderbaren, von Künstlern entworfenen klingenden Skulpturen ist ein ganz besonderes Erlebnis.

Das Herz des Naturparks schlägt in *Heinerscheid* **[109 E3]**. Das Dorf liegt auf einer für die Ardennen typischen Hochebene zwischen den Flüssen Clerf und Our. Mitten im Ort steht der *Cornelyshaff (Mo geschl., 8 Zi., Maison 37, Tel. 269 07 51, www.cornelyshaff.lu, €)*, ein umgebauter alter Bauernhof, in dem die Naturparkbauern ihr eigenes Buchweizenbier (Wellen Ourdaller) brauen und zusammen mit typisch Luxemburger Gerichten in ihrer Gaststätte in der ehemaligen Scheune anbieten. Dort stehen auch die selbst gemachten Speiseöle, Senf und Käse zum Verkauf. Auch ein kleines Hotel gehört dazu. Insider Tipp

WILTZ

[108 C5–6] Mit ihren 4500 Ew. ist Wiltz die »Hauptstadt« des Ösling. Bis in die Mitte des 19. Jhs. war sie mit ihren Gerbereien, Papiermühlen, Webereien und Brauereien sogar ein bedeutender Wirtschaftsfaktor des Landes; dann lief ihr die Schwerindustrie im Süden den Rang ab.

Wiltz besteht aus zwei Ortsteilen: *Niederwiltz* breitet sich im Tal der Wiltz aus, wo bereits im 11. Jh. eine erste Burg stand. Das attraktivere *Oberwiltz* liegt auf einem Berg-

Das Gënzefest zu Pfingsten in Wiltz ist der Ginsterblüte gewidmet

rücken über dem Tal und ist mit dem dominierenden Renaissanceschloss, einem prächtigen Renaissancerathaus und den malerischen Häusern des Dorfkerns mit der Pfarrkirche Notre-Dame als Mittelpunkt ein gern besuchter Touristenort. Das alljährliche Gënzefest (Ginsterfest) am Pfingstmontag, wo die ganze Gegend in Ginstergelb erblüht, und das vierwöchige Festival International de Wiltz im Juli, ein hochkarätiger Musik- und Theaterreigen auf der Freilichtbühne am Schloss, sind die kulturellen Highlights der Saison.

SEHENSWERTES

Dekanatskirche St. Peter und Paul

Der romanische Turm der spätgotischen Kirche in Niederwiltz war wohl noch Teil der alten Burg im Tal. In der zweischiffigen Halle sind die beiden Zunftaltäre von 1720 und die Grabdenkmäler der Herren von Wiltz sehenswert.

Jardin de Wiltz

Insider Tipp

Künstler, Gärtner, Behinderte und Arbeitslose haben gemeinsam einen eigenwilligen Garten mit Skulpturen und Wasserinstallationen geschaffen. *10, rue de la Montagne, tagsüber frei zugänglich*

Schloss

Schon im 12. Jh. wurde die alte Burg im Tal von einer neuen auf dem Berg abgelöst, um so das Tal besser kontrollieren zu können. Von dieser Anlage ist jedoch nur noch der *Hexenturm* im Schlossgarten übrig geblieben. Die heutige Anlage entstand zwischen 1631 und 1727. Die Frontseite mit zwei imposanten Freitreppen dient im Sommer als eindrucksvolle Kulisse für das Festival de Wiltz. Der Schlossgarten vor der Treppe wird dann bestuhlt und von einer riesigen Zeltplane überdacht.

MUSEEN

Brauerei- und Gerbereimuseum

In diesem Museum im Schloss lebt die Tradition der Gerber und Bierbrauer wieder auf, für die Wiltz einst bekannt war. Das Biermuseum präsentiert eine bunte Sammlung von Bierutensilien wie alte Krüge und kunstvoll gearbeitete

Zapfanlagen aus der Jugendstilepoche. Besondere Attraktion: In der angeschlossenen »kleinsten Brauerei der Welt« kann man unter fachkundiger Anleitung eines Braumeisters sein eigenes Bier brauen *(für Gruppen nach Anmeldung, Tel. 95 74 44). Juli/Aug. tgl. 10–18, Sept.–Juni Mo–Fr 10–12 und 14 bis 17, Sa 10–12 Uhr*

Museum der Ardennenschlacht

In und um Wiltz tobte 1944 eine blutige Schlacht, als die Stadt im Zuge einer letzten, unsinnigen Gegenoffensive noch einmal von den Deutschen eingenommen wurde, ehe die Amerikaner Luxemburg endgültig von den deutschen Besatzern befreiten. Bei der Ardennenschlacht wurde Wiltz zu 80 Prozent zerstört. Zuvor schon, 1942, als die Nazis die Wehrpflicht für die Luxemburger eingeführt hatten, hatten die Wiltzer Arbeiter einen Streik ausgerufen, der sich zum Generalstreik im ganzen Land ausweitete. Eilends einberufene Standgerichte verurteilten die »Aufwiegler« zum Tode oder ließen sie in Konzentrationslager verschleppen. An diese schrecklichen Ereignisse erinnert das Museum im Schloss mit eindringlichen Bildern und Dokumenten. *Juli/Aug. tgl. 13.30–17.30, 15. Juli–15. Aug. auch 10–12 Uhr, sonstige Öffnungszeiten unter Tel. 26 95 00 32*

ESSEN & TRINKEN ÜBERNACHTEN

Aux Anciennes Tanneries

Stilvoll eingerichtetes Hotel in den Räumen einer ehemaligen Gerberei. Gemütliches Restaurant. *14 Zi., 42 a, rue Jos Simon, Tel. 95 75 99, Fax 95 75 95, www.auxanciennestanneries.com, €–€€*

Vieux Château

Ein komfortables, angenehmes Haus mit exquisiter Küche. Auf Wunsch veranstaltet der Chef für kleine Gruppen Mountainbiketouren mit Catering unterwegs. *8 Zi., 1–3, Grand-rue, Tel. 95 80 18, Fax 95 77 55, www.hotelvchateau.com, €–€€€*

AUSKUNFT

Syndicat d'Initiative

Im Schloss, 9516 Wiltz, Tel. 95 74 44, Fax 95 75 56, www.wiltz.lu

ZIELE IN DER UMGEBUNG

Derenbach **[108 C5]**

Der kleine Ort 10 km nordwestlich ist Ausgangspunkt für schöne Wanderungen und Biketouren, z. B. ab dem kleinen Landgasthaus *Eislecker Stuff (8 Zi., Maison 41, Tel. 99 45 73, www.eisleckerstuff.lu, €–€€)* mit guter Küche und einfachen Zimmern.

Kiischpelt **[109 D5]**

Im stillen, überaus idyllischen Tal der Clerve östlich von Wiltz ein Gemeindeverbund mit dem schönen Namen »Kirchspiel«. Mittelpunkt ist *Wilwerwiltz*, im benachbarten *Enscherange* kann man in der historischen *Rackesmühle* aus dem 14. Jh. beim Kornmahlen zuschauen. In *Pintsch* lohnt der Besuch der hübschen *Dorfkirche* mit ihrer üppigen Barockausstattung (Schlüssel im Gasthaus gegenüber). In *Kautenbach* kann man gut essen und übernachten im *Hotelrestaurant Hatz (18 Zi., Maison 24, Tel. 95 85 61, www.hotel hatz.lu, €–€€)*.

Eisen, Erz und grüne Cañons

Das »Land der roten Erde« befindet sich in einem wirtschaftlichen und kulturellen Wandel

Der Süden des Landes hat in den letzten hundert Jahren einiges durchgemacht und dabei mehrmals sein Gesicht verändert. Mitte des 19. Jhs., als man begann, die eisenerzhaltige, rote Erde abzubauen, setzte ein regelrechter Treck nach Süden ein. Zuerst kamen die Bauern aus dem Norden, dann Deutsche, Franzosen, Belgier, Italiener und Portugiesen – die »Minettsdäpp«: Bergarbeiter, die sich um die ehemaligen Bauerndörfer Esch, Dudelange, Differdange und Pétange (allesamt Grenzstädte zu Frankreich) niederließen. Stollen wurden in die Erde gegraben, Siedlungen angelegt, bald darauf entstanden die ersten Hüttenwerke, die die ländliche Region vollends zum Industrierevier ummodelten.

Der erste Hochofen wurde 1871 in Esch errichtet, wo sich 1911 auch das größte Stahlunternehmen, die »Arbed«, niederließ. Schnell wuchsen die Dörfer zu ansehnlichen Städten mit repräsentativen Wohn- und Geschäftshäusern und ausgedehnten Arbeitersiedlungen an. Rund ein Drittel der Gesamtbevölkerung hatte sich hier niedergelassen und sorgte für Wohlstand im ganzen Land – bis in den Siebzigerjahren des 20. Jhs. die Krise kam. Die Erzgruben waren unrentabel geworden, die Stahlindustrie hatte Absatzprobleme. Kapazitäten und Arbeitsplätze wurden drastisch reduziert, die gröbsten sozialen Härten konnten jedoch ausgeglichen werden, nicht zuletzt, weil in der Hauptstadt mit den Banken neue »Goldgruben« erschlossen wurden, die den Wandel erleichterten.

In Esch-sur-Alzette führt eine spezielle Architekturroute zu den schönsten Gründerzeit- und Jugendstilgebäuden

Heute wächst buchstäblich Gras über das Land der roten Erde: Die einstigen Erzabbaugebiete, die mit ihren steilen Abbruchkanten wie Cañons in die Gegend ragen, sind teils schon wieder Naturschutzgebiete mit reicher Flora und Fauna, die auf ausgewiesenen Wegen zu bizarren Wanderungen einladen – etwa im Naturschutzgebiet Giele Botter bei Fond-de-Gras, im Haardt bei Dudelange oder rings um die ehemalige Erzgrube Cockerill bei Esch.

Die ehemals kränkelnde Arbed hingegen ist durch mehrere Fusionen in jüngster Zeit gar zum Global Player und unter dem Namen Arcelor-Mittal zum größten Stahlkonzern der Welt aufgestiegen. Die

Der eisenhaltige Boden macht den Süden zum »Land der roten Erde«

Städte des Südens haben längst ihr Image als graue Mäuse abgestreift und zeigen selbstbewusst her, was sie zu bieten haben: interessante Architektur, die lange unter dem Ruß verborgen war, eine multikulturelle Bevölkerung, die Leben in die Städte bringt, ambitionierte Künstler, Kulturarbeiter und Gastronomen, die hier attraktive Gegengewichte zur Hauptstadt geschaffen haben.

ESCH-SUR-ALZETTE

[114 B6] Esch-sur-Alzette (29 000 Ew.) ist die zweitgrößte Stadt des Landes und Wirtschafts-, Verwaltungs- und kulturelles Zentrum des Industriereviers. Über 30 Prozent der Einwohner sind Ausländer aus 50 Nationen. Wenn auf dem *Rathausplatz (Fr)* oder der *place de la Résistance (Di)* Wochenmarkt ist, wähnt man sich auf einem Basar der Kulturen.

Auch die Stadt selber hat sich fein herausgeputzt. Die Fußgängerzone in der Einkaufsstraße *rue de l'Alzette* hat Peter Rice gestaltet, der auch am Projekt des futuristischen Pariser Stadtviertels La Défense mitwirkte. Seine beschwingten stählernen Ornamente ergänzen sich auf ungewöhnliche, harmonische Weise mit den schönen Gründerzeit- und Jugendstilfassaden.

SPAZIERGANG & RADTOUR

Architek-Tour

★ Der ungewöhnliche Stadtführer streift auf einer Route von 5 km die interessantesten Gebäude Eschs und lenkt das Augenmerk auf die Finessen der klassizistischen, Gründerzeit-, Jugendstil- oder Art-déco-Bauten mit ihren raffinierten Formen und verspielten Dekors. *Broschüre beim Office National du Tourisme oder beim City Tourist Office*

Vélo zu Esch

Am Rathaus parken Leihräder, die man mit einem Jeton *(im City-Tourist-Office gegenüber, Pfand 20 Euro)* auslösen und für einen oder mehrere Tage behalten kann. Damit können Sie zum Beispiel auch das spannende Terrain rings um den ehemaligen Hochofen von Esch-Belval erkunden, wo auf der ehemaligen Industriebrache ein ganz neuer, topmoderner Stadtteil mit Wohnungen, Büros, Einkaufszentrum, Unicampus und Zentrum für Industriekultur entstehen soll. Fertig ist in der »Avenue du Rock 'n' Roll« schon die *Rockhal (www. rockhal.lu)*, eine neue Musik- und Eventhalle.

MUSEUM

Nationales Widerstandsmuseum
Wie ein Menetekel steht dieser düstere Bau an der place de la Résistance. Im Museum sind zahlreiche Dokumente des Widerstands der Bevölkerung gegen die Herrschaft der Nationalsozialisten zu sehen. *Place de la Résistance, Do, Sa und So 15–18 Uhr*

ESSEN & TRINKEN

Café du Théâtre
Kleines portugiesisches Lokal mit einfacher, sehr guter, preiswerter Küche. Spezialität: Fisch und *gambas* vom Grill. *Tgl., 66, rue du Brill, Tel. 54 88 76, €*

Fridrici
Das ausgezeichnete Feinschmeckerrestaurant hat auch ein Bistro *(nur mittags)* für den kleineren Geldbeutel. *Do, Sa-Mittag und Di geschl., 116, route de Belvaux, Tel. 55 80 94, www.fridrici.com, €€€*

Le Pavillon
Ausgezeichnetes Restaurant mit französischer Küche mitten im Grünen neben einem Wildfreigehege auf dem Galgenberg vor der Stadt. *Mo geschl., Park Galgenberg, Tel. 54 02 28, €€*

ÜBERNACHTEN

Mercure
Das moderne Hotel mit geräumigen Zimmern liegt ruhig in der Altstadt und verfügt über eine Tiefgarage und ein Restaurant. *40 Zi., 2, place Boltgen, Tel. 54 19 91, Fax 54 19 90, www.accorhotels.com, €–€€*

De la Poste
Renoviertes Art-déco-Hotel in der Fußgängerzone mit schönen Zimmern. Garage. *22 Zi., 107, rue de l'Alzette, Tel. 265 45 41, Fax*

MARCO POLO Highlights »Der Süden«

★ **Industriepark Fond-de-Gras**
Auf den Spuren des Eisenerz-Bergbaus (Seite 76)

★ **Architek-Tour**
Spaziergang zu den Jugendstilhäusern in Esch (Seite 72)

★ **Nationales Grubenmuseum Rumelange**
Ehemalige Bergleute lotsen Sie mit der Grubenbahn kilometertief in einen stillgelegten Eisenerzstollen (Seite 77)

Die Fußgängerzone von Esch in der rue de l'Alzette gestaltete Peter Rice, der auch am futuristischen Pariser Stadtviertel La Défense mitarbeitete

265 45 48 00, www.hotel-de-la-poste.lu, €€–€€€

Topaz

Das kleine Haus liegt am Rand des Zentrums. Angenehme Zimmer, außerdem Mietbüros. *22 Zi., 5, rue des Remparts, Tel. 531 44 11, Fax 53 14 54, €*

AM ABEND

Kulturelle Akzente setzen das *Konservatorium (50, rue d'Audun, Tel. 54 97 25)*, das regelmäßig Konzerte veranstaltet, sowie das *Stadttheater (place de la Résistance, Tel. 54 09 16)*, das mehrsprachige Eigenproduktionen und internationale Gastspiele anbietet. Die alternative *Kulturfabrik (116, route de Luxembourg, Tel. 554 49 31, www.kulturfabrik.lu)*, die sich in einem malerischen alten Schlachthof angesiedelt hat, trägt mit eigenen Theaterproduktionen, Jazzkonzerten und hochkarätigen Rockveranstaltungen sowie Sommerateliers für bildende Kunst wesentlich zur Bereicherung des Kulturlebens bei. Auch das originelle *Café K 116* gehört dazu.

Insider Tipp

Das *Café Diva* ist sowohl tagsüber wie abends geschäftiger Treffpunkt der örtlichen Jugend. Im Restaurant gibt es preiswerten Mittagstisch *(26, rue Dicks)*. In der Fußgängerzone trifft man sich im *Casablanca (110, rue de l'Alzette)*. Das *Pitcher (27, Grand-rue)* ist ein kleines, sympathisches Rockcafé, das alle Moden überdauert hat.

AUSKUNFT

City Tourist Office
Place de l'Hôtel de Ville, 4004 Esch-sur-Alzette, Tel. 54 16 37, Fax 547 38 36 78, www.esch-city.lu, www.sud.lu

ZIELE IN DER UMGEBUNG

Dudelange [114–115 C–D6]
Das 8 km östlich gelegene Dudelange ist nach Esch und Differdange die drittgrößte Stadt im Stahlrevier (18 000 Ew.). Auch hier sind die Anstrengungen unübersehbar, die einstige »Schmiede des Südens« (in der noch ein modernes Kaltwalzwerk betrieben wird) für die postindustrielle Zeit zu rüsten: modernes Einkaufszentrum, gepflegtes Stadtbild rings um die neugotische *Pfarrkirche* mit einem Kreuzweg des heimischen Impressionisten Dominique Lang und schönen Wandmalereien des Benediktinermönchs Notker Becker aus Maria Laach.

Die einzige Fotogalerie des Landes, *Nei Liicht (15, rue Dominique Lang, Di–So 14–18 Uhr)*, präsentiert Ausstellungen vor allem von Künstlern aus der Region. Eine städtische Kunstgalerie, ebenfalls mit wechselnden Ausstellungen zeitgenössischer Kunst, ist die *Galerie Dominique Lang (Di–So 15–19 Uhr)* im ehemaligen Wartesaal des Bahnhofs Dudelange.

In einfachen Zimmern gut übernachten können Sie im *Cottage (54 Zi., rue Auguste Liesch, Tel. 52 05 91, Fax 52 05 76, www.cottage-hotel.lu, €)* und im *Hotelrestaurant 1900 (15 Zi., 10, rue du Commerce, Tel. 51 28 48, Fax 51 28 48 41, hotelrestaurant1900 @yahoo.com, €)*. Auskunft: *Syndicat d'Initiative, 21, rue du Commerce, 3450 Dudelange, Tel. 51 09 17, www.dudelange.lu*

Frisange [115 D–E5]
In dieses unscheinbare Dorf 15 km östlich von Esch pilgern Feinschmecker aus dem ganzen Land (und aus

Saar-Lor-Lux

Vier Staaten, eine Großregion

Das Großherzogtum Luxemburg, das Saarland, das rheinland-pfälzische und lothringische Grenzgebiet und das belgische Wallonien begreifen sich als historisch und kulturell zusammengehörige Region, die auf wirtschaftlichem, sozialem, kulturellem und ökologischem Gebiet versucht, die Grenzen und Nationalegoismen zu überwinden und Probleme, die alle betreffen, gemeinsam zu lösen. Das funktioniert bei fünf Regionen aus vier Nationen nicht immer reibungslos, aber vor allem auf kulturellem und touristischem Gebiet trägt die Anstrengung Früchte: 2007 ist die gesamte Großregion Kulturhauptstadt Europas mit einem gemeinsam konzipierten Veranstaltungsprogramm. *www.granderegion.net; www.luxembourg2007.org*

Luxemburgs prominenteste Köchin: Lea Linster in Frisange

Deutschland und Frankreich) zu Luxemburgs berühmtester, mehrfach ausgezeichneter Köchin *Lea Linster (Mo/Di und außer Sa/So mittags geschl., 17, route de Luxembourg, Tel. 23 66 84 11, www.lealinster.lu, €€€)*. Im Nachbardorf *Hellange* pflegt Lea Linster in ihrem Insider Tipp *Lëtzebuerger Kaschthaus (Mi-Mittag und Di geschl., 4, rue de Bettembourg, Tel. 51 65 73, €€)* überdies die traditionelle heimische Küche.

Industriepark Fond-de-Gras **[114 A5]**

★ 8 km westlich von Esch vor den Toren von *Differdange* lag früher ein wichtiges Zentrum der Eisenerzförderung im Lande. Die Eisenbahnstrecke, auf der einst das Erz von den Stollen zu den Hochöfen transportiert wurde, ist heute die Attraktion des idyllisch gelegenen Industrie- und Freizeitparks Fond-de-Gras (Zufahrt über Differdange-Niederkorn). Von Mai bis September dampft hier an Sonn- und Feiertagen der *Train 1900*, ein Zug mit Dampflokomotive, durch das ehemalige Grubengelände.

Und dann gibt es noch die *Minièresbunn*, die Schmalspur-Grubenbahn, mit der das Erz aus den Stollen geholt wurde. Sie rattert über- und unterirdisch nach *Lasauvage*, einer alten Bergarbeitersiedlung an der französischen Grenze.

Die Fahrzeiten der Bahnen: *Mai bis Sept. jeden So; Train 1900: zwischen 14.10 und 18.10 Uhr stündlich ab Fond-de-Gras, 7 Euro; Minièresbunn: 15.05, 16.05 und 17.05 Uhr ab Fond-de-Gras, 4,50 Euro.* Die Fahrzeiten können variieren, am besten erkundigen Sie sich vorher: *Tel. 26 50 41 24 oder 50 94 85, www.fond-de-gras.lu*

»Stationär« besichtigt werden können ein Lokschuppen mit historischen Lokomotiven und eine wieder aufgebaute Maschinenhalle von 1908, in der Maschinen und Werkzeuge aus der Eisenindustrie ausgestellt sind. Im Freigelände lagern wie Dinosaurier der Industriegeschichte ausrangierte Walzwerke, Flüssigeisenbehälter und Grubenlokomotiven. Neben dem gemütlichen *Bistro des Mineurs (tgl., Tel. 58 05 83, €)* am Museumseingang veranschaulichen eine Dokumentation über den Eisenerzabbau und ein originalgetreu wieder aufgebautes Lebensmittelgeschäft vom Anfang des 20. Jhs. vergangene Zeiten.

Von hier führt auch der geologische Wanderpfad *Giele Botter* Insider Tipp durch das ehemalige Erzabbaugebiet: ein abenteuerlicher Spaziergang, denn wie Cañons ragen hier die Abbruchkanten der roten Erde aus der Landschaft, die nun allmählich wieder von der Natur überwuchert wird.

Im nahen *Schouweiler* wartet die bretonische Familie Guillou gleich mit zwei gastronomischen Highlights auf: Patron Pierrick serviert im *La Table des Guilloux (Sa-Mittag, Mo und Di geschl., 17–19, rue de la Résistance, Tel. 37 00 08, €€€)* in einem alten Bauernhaus Großmutters Küche auf Topniveau. Gleich nebenan in der Scheune bietet Tochter Katell im *Toit pour Toi (Do geschl., 2, rue du 9 Septembre, Tel. 26 37 02 32, €–€€)* leichte französische Küche. Urig-deftig geht es zu im beliebten Ausflugslokal *Bache Jang* mitten im Wald nahe den Erzgruben *(Mo/Di geschl., Differdange-Frontière, Tel. 58 81 27, €)*. Der lustige Zuckerbäcker *Gérard (174, avenue Charlotte, Differdange-Oberkorn)* bastelt jedem seinen individuellen Phantasiekuchen.

Nationales Grubenmuseum Rumelange **[114 C6]**

★ Ein weiterer Schwerpunkt des Eisenerzabbaus war ab der zweiten Hälfte des 19. Jhs. die Gegend um Rumelange. Ende der Siebzigerjahre des 20. Jhs. wurden die Stollen dichtgemacht – bis auf den *Walert-Stollen* in Rumelange 5 km südöstlich von Esch, der zu Demonstrationszwecken offen gelassen wurde: Ehemalige Bergleute fahren mit den Besuchern in einer Grubenbahn 4 km tief in den Stollen hinein, um Abbaumethoden und technische Hilfsmittel zu erläutern. Im Stollen herrschen konstant 12 Grad, deshalb warme Kleidung mitnehmen! *April–Juni und Sept. Do–So 14–18, Juli/Aug. Di–So 14–18 (letzte Einfahrt 16.30) Uhr, www.mnm.lu*

Wer danach Appetit hat: In der *Brasserie du Musée (Di geschl., Tel. 56 70 08, €)* auf dem Gelände gibt es kleine Speisen und große Menüs.

4 km tief geht es in den Stollen hinein: Grubenmuseum Rumelange

Wasser, Wein und Wanderwege

Die Luxemburger Weinstraße ist – wie der Wein – von herber Schönheit

An der Mosel, die in einem weiten, offenen Tal auf einer Länge von 36 km das Land im Osten zu Deutschland begrenzt, schließt sich der Kreis Luxemburger Kontraste: Zur geschäftigen Hauptstadt in der Mitte, zum ländlich-gemächlichen Norden und zum rauen Charme des industriellen Südens gesellt sich nun noch der bukolische Reiz einer von Weinbergen gesäumten Flusslandschaft. Eine Landschaft freilich, die nicht das Puppenstubenhafte des Elsass und auch nicht die verwinkelte Gemütlichkeit der deutschen Mosel hat, sondern sich eher spröde und zurückhaltend gibt. Der Fluss fließt in einem breiten, kanalisierten Bett träge gen Norden.

Die Weinstraße, die schon auf den Höhen bei Mondorf beginnt, stößt erst in Schengen an die Mosel und führt nur zwischen Schengen und Remich direkt durch kleine Weindörfer. Auf diesem Abschnitt ist sie ein fast mediterran wirkender, großer Naturgarten, der eines Tages zu einem grenzübergreifenden Naturpark Mosel zusammenwachsen soll. Hinter Remich verläuft die Weinstraße dann breitspurig parallel zum Fluss. Die Dörfer liegen etwas zurückgesetzt meist direkt am Fuß der Weinberge, von denen aus sich der Reiz der Mosellandschaft weit besser erschließt als vom flachen, breiten Tal aus.

Wandern zwischen Wasser und Wein: Winzerdorf Wormeldange an der luxemburgischen Mosel

Place de l'Europe in Schengen: Der Name erinnert an das 1995 in Kraft getretene Abkommen

Wie so oft, wenn es um den Wein geht, haben die Römer ihre Hand im Spiel gehabt. So rühmte der römische Dichter und Pädagoge Decimus Magnus Ausonius schon im Jahr 367 auf dem Weg nach Trier den Fluss mit seinen »reichen Hängen voll Bacchusduft«. Heute regiert der Gott des Weines über sechs Kellereigenossenschaften, vier große Sektkellereien, zwei Weinmuseen, zwei Weinlehrpfade und ein Weinbauinstitut. Auch zahlrei-

Verwöhnoase: das beheizte Außenbecken der Therme in Mondorf-les-Bains

che Kleinbetriebe, die ihren Wein noch selber ausbauen, warten in ihrer »Pröbelstube« auf Besucher. Es ist also alles bestens gerichtet, um sich weinkundig zu machen. Oder in den Weinbergen zu wandern, ein Stück auf der Mosel zu schippern, deftig oder delikat zu speisen. Zünftig geht es auch auf den Weinfesten zu. An fast jedem Wochenende zwischen Juni und September ist in einem der Dörfer etwas los. Die gesamte Weinstraße zwischen Mondorf und Wasserbillig (ca. 40 km) schafft man mit dem Auto – inklusive Pause und Abstechern – bequem an einem Tag. Die interessantesten Orte werden hier in ihrer geografischen Reihenfolge flussabwärts vorgestellt.

SEHENSWERTE ORTE

Mondorf-les-Bains [115 E5–6]
Auf den Höhen über der Mosel hat das Wasser Konjunktur. 1846 wurden hier drei schwefelhaltige Thermalquellen entdeckt. Im wunderbaren, großen *Kurpark* im Tal der Gander wurde neben dem alten, inzwischen renovierten Kurhaus 1988 ein vollkommen neuer Komplex eröffnet – die größte und schönste Luxemburger Verwöhnoase für Körper und Seele. In der *Domaine Thermal (104 Zi., avenue des Bains, Tel. 23 66 60, Fax 23 66 10 93, www.mondorf.lu, €€–€€€)* beginnt die Entspannung im überdachten, 36 Grad warmen Thermalschwimmbad mit Außenbecken. Sie setzt sich fort in der großzügigen Saunalandschaft mit finnischer Sauna, römischem Caldarium, türkischem Hammam, japanischem Bijin Yu und Tiroler Schwitzstüberl sowie 28-Grad-Freiluftbecken. Dazu natürlich Fitnessraum, Wellnessbäder, Physiotherapie und Beautyfarm. Tagesbesuche aller Einrichtungen sind möglich, Wochenendarrangements, Kurzurlaube und ärztlich verordnete Kuren mit Hotelaufenthalt in gediegener Atmosphäre.

Insider Tipp

Im eher unscheinbaren Ortszentrum von Mondorf (2900 Ew.) lohnt ein Besuch der barocken *St.-Michaels-Kirche,* die 1764 im Auftrag der Echternacher Abtei erbaut wurde (Schlüssel im Pfarrhaus nebenan). Einen Abstecher wert ist die Grabungsstätte des römischen *Vicus Ricciacus* mit gallorömischem Theater bei Dalheim. Vom Aussichtspunkt *Scheuerberg* auf der Straße von Mondorf nach Remich hat man einen herrlichen Blick über das Moseltal ins Dreiländereck Frankreich–Deutschland–Luxemburg. Auskunft: *Syndicat d'Initiative, 26, rue des Bains, 5610 Mondorf-les-Bains, Tel. 23 66 75 75, Fax 23 66 16 17, www.mondorf-info.lu*

Schengen **[115 F6]**

★ Bekannt wurde das kleine Moseldorf (300 Ew.) an der Grenze zu Deutschland (Moselbrücke nach Perl im Saarland) und Frankreich durch das 1985 unterzeichnete Schengener Abkommen, in dem die Abschaffung der Personenkontrollen an den Grenzen zwischen den Erstunterzeichnerstaaten – Deutschland, Frankreich und die Beneluxstaaten – beschlossen wurde. Ein *Gedenkstein* (»Accord de Schengen – Europa ouni Grenzen – L'Europe sans frontières – Grenzenloses Europa«, so die Inschrift) in der Ortsmitte und eine Stahlskulptur am Moselufer des »Europadorfes« erinnern an diesen Akt, der an Bord des Fahrgastschiffes »Princesse Marie-Astrid« stattfand.

Sehenswert im Ort ist das *Schloss* von 1812, das in einem schönen Park auf den Resten einer Wasserburg aus dem 13. Jh. errichtet wurde. Victor Hugo hat den alten Turm 1871 gezeichnet, als Etikett auf Weinflaschen findet die Skizze nach wie vor weite Verbreitung. Die Parkanlage umfasst auch einen kleinen Barock- und einen üppigen Kräutergarten. Beide sind Teil des Projekts *Gärten ohne Grenzen* (*Tel. in Deutschland 06861/93 08 20, www.gaerten-ohne-grenzen.de*), die sich vom benachbarten Saarland über Luxemburg bis nach Lothringen erstrecken und eine Extratour lohnen. Das Schloss selbst wird vom Orden der Franziskanerinnen bewirtschaftet, die hier ein Tagungszentrum und das kleine Hotel *Château de Schengen (28 Zi., Tel. 236 63 81, www.chateau-de-schengen.lu, €–€€)* mit zum Teil klösterlich-einfachen, zum Teil aber auch sehr komfortablen Zimmern betreiben.

Insider Tipp

Marco Polo Highlights »An der Mosel«

★ **Schengen**
Der Geburtsort des Europas ohne Passkontrollen liegt an der Mosel (Seite 81)

★ **Ehnen**
Das urigste Winzerdorf an der Mosel (Seite 83)

★ **Weinbaulehrpfad**
Auf dem 4 km langen Spaziergang können Sie in Wormeldange wandernd alles über den Luxemburger Wein erfahren – mit herrlicher Sicht hinunter ins Moseltal (Seite 84)

Am Rand des Schlossparks liegt das neue, moderne *Relais Europe Direct (Sa/So 14–18 Uhr und n. V., Tel. 26 66 58 10)*, ein Infozentrum mit Filmen und Broschüren zur EU, daneben ein hübsches Café mit Blick auf die Moselpromenade. Ausstellungen zeitgenössischer Kunst aus den EU-Ländern zeigt das kleine *Europa Museum of Modern Art (place de l'Europe, Mo–Fr 10–16 Uhr, www.europamuseum.com)*.

Im benachbarten *Remerschen* lädt die Genossenschaftskellerei *Vinsmoselle* in ihrer originellen Probierstube in Form eines alten Römerschiffs zum »Pröbeln«. Im nahen Naturschutzgebiet Insider Tipp *Reimecher Haff*, einer stillen Idylle inmitten ehemaliger Baggerseen in der Moselaue, kann man wunderbar spazieren gehen, in kleinen Schutzhäusern Vögel beobachten und in einem der Seen sogar baden (öffentliches Strandbad). Ein interessanter Naturlehrpfad führt in das *Naturschutzgebiet Strombierg* mit schönen Ausblicken ins Dreiländereck.

Wellenstein **[115 F5]**
Schönes, stilles Winzerdorf (350 Ew.) etwas oberhalb der Mosel mit idyllischem Dorfplatz und stattlichen, stilvoll restaurierten Winzerhäusern, die zum Teil als Insider Tipp Ferienwohnung vermietet werden *(Auskunft Tel. 23 69 98 58)*. Im Ort auch die größte Genossenschaftskellerei. Im Nachbardorf *Schwebsange* ebenfalls eine schöne Dorfstraße mit einem kleinen *Freilichtmuseum* (Weinbrunnen, Weinpresse aus dem 13. Jh., gallorömischer Sarkophag). Das parkähnliche Moselufer dort ist am Wochenende ein beliebter Treffpunkt für Spaziergänger, Radler und Großfamilien mit üppigen Picknickkörben. Hier gibt es auch den einzigen *Moselhafen* für Yachten und Sportboote *(Tel. 23 66 44 60)*.

Bech-Kleinmacher **[115 F5]**
Der Ort (450 Ew.) wartet auf mit dem originellen, kleinen *Folklore- und Weinmuseum A Possen* in einem Winzerhaus von 1617. In dem alten, verwinkelten Gemäuer kommt eine originale »Schwarzküche« mit offenem Kamin und großer Räucherkammer gut zur Geltung wie auch das Himmelbett im Schlafgemach und die schönen Bauernmöbel in der »gudden Stuff«, das rustikale Porzellan, die Leinen- und die Spitzenwäsche und andere Utensilien des bäuerlichen Haushalts. Dazu eine Küferwerkstatt und eine Dokumentation der Weinherstellung an der Mosel. Am Ende des Rundgangs wartet eine gemütliche Vesper- und Probierstube mit typisch Luxemburger Gerichten. *1, rue Aloyse Sandt, Ostern–Okt. Di bis So, Nov./Dez. und März–Ostern Fr–So 11–19, Probierstube bis 21 Uhr, Tel. 23 69 73 53, www.musee-possen.lu*

Remich **[115 F5]**
In das einstige römische Remacum fallen heute vom deutschen Ufer her die Tanktouristen ins Land, um danach auf der Esplanade am Moselufer zu flanieren oder eine Tour auf einem der Moselschiffe zu unternehmen. Auskunft: *Syndicat d'Initiative, esplanade, 5533 Remich, Tel. 23 69 84 88, Fax 23 69 72 95*

Stadtbredimus **[115 F4]**
Das den Ort beherrschende Schloss ist heute Sitz der Vereinigten Win-

zergenossenschaft Vinsmoselle. Im großen *Rundpavillon La Tourelle* ist Platz für Weinproben im größeren Kreis. Hier kann auch von Frühjahr bis Herbst ein kompletter *Circuit Viticole* gebucht werden, der die Besichtigung einer der Genossenschaftskellereien mit anderen Aktivitäten verknüpft wie einer Wanderung durch die Weinberge, dem Besuch der beiden Weinmuseen in Bech-Kleinmacher und Ehnen, einer Mosel-Schiffstour und einer Weinprobe. Auskunft: *Vinsmoselle, Tel. 236 96 61, www.vinsmoselle.lu*

Hinter Stadtbredimus sollten Sie die breite Moseluferstraße kurz verlassen und einen Abstecher machen ins schön gelegene *Greiveldange* über der Mosel (Genossenschaftskellerei) und nach *Lenningen* mit seiner romanischen Dorfkirche. Auch das stille, grüne Hinterland bis ins Tal der Syre ist einen Ausflug wert.

Ehnen **[113 E6]**

★ Ein urtümliches Moseldorf (2000 Ew.) mit einem originellen historischen Dorfkern. Rings um die einzige Rundkirche Luxemburgs aus dem Jahr 1826 ist eine Reihe alter Bürgerhäuser aus dem 15. bis 18. Jh. erhalten geblieben. An der Moselstraße ist in einem stattlichen Anwesen das *Weinmuseum Ehnen (115, route du Vin, April–Okt. Di bis So 9.30–11.30 und 14–17 Uhr, Nov.–März nach Vereinbarung, Jan. geschl., Tel. 76 00 26, www.weinmuseumehnen.blogspot.com)* untergebracht. In einem Musterweinberg hinter dem Haus werden die verschiedenen Luxemburger Traubensorten vorgestellt, im Inneren werden mit allerlei Materialien und Gerät vom Rebmesser bis zum Fuderfass die Rebpflege und Lese sowie die Weinherstellung in ihren einzelnen Phasen demonstriert. Vom Weinmuseum führt auch ein *Ge-*

Zum Weinmuseum in Ehnen gehört auch ein Musterweinberg am Moselhang

Fuderfass und Gärbottich: Gerätschaften der Weinbauern zeigt das Weinmuseum in Ehnen

schichtlicher Rundgang zu den interessantesten Gebäuden des Ortes, die in einer im Museum erhältlichen Broschüre beschrieben werden.

Wormeldange [113 E6]
Das Zentrum des Weinbaugebietes – da wächst das Beste, was die Luxemburger Mosel zu bieten hat. Von der Genossenschaftskellerei führt ein interessanter ★ *Weinbaulehrpfad* auf 4 km durch alle Lagen (erläuternde Broschüre in der Kellerei). Unterwegs genießt man einen herrlichen Ausblick auf das Moseltal, besonders an der *Donatus-Kapelle* auf dem Koeppchen.

In der *Wäistuff* der Genossenschaft gibt es sonntags von 16 bis 20 Uhr »Vin Dansant« – vom Wein beschwingt, kann man das Tanzbein schwingen! Auskunft: *Cave Coopérative und Cremants Poll-Faber, Tel. 76 82 11*

Insider Tipp

Grevenmacher [113 E5]
Das Verwaltungszentrum der Luxemburger Mosel ist über eine Brücke mit Wellen in Rheinland-Pfalz verbunden. Ein kulturhistorischer Rundgang erinnert daran, dass Grevenmacher (3300 Ew.) im Mittelalter eine stattliche Feste war. Der *Wein- und Erlebnispfad Kelsbaach* führt hoch über der Mosel anschaulich durch 2000 Jahre Weinbaugeschichte. Auf dem Grevenmacherberg wurde eine *römische Grabanlage* aus dem 2. Jh. mit Grabmal und Skulpturen rekonstruiert.

Das Kulturzentrum *Maacher Kulturhuef (54, route de Trèves, Ostern bis Okt. Di–So 14–18 Uhr)* beherbergt ein Druckerei- und ein Spielkartenmuseum. Der *Schmetterlingsgarten* (s. Kapitel »Mit Kindern reisen«) ist eine Attraktion für die ganze Familie. Am Moselufer finden Sie die Anlegestelle des großen Fahrgastschiffes Princesse Marie-Astrid.

Wasserbillig [113 F4]
Der Grenzort ist gesäumt von einer Allee riesiger Tankstellen-Supermärkte. Im Ort lohnt ein Besuch des *Aquariums (rue des Pépinières, Ostern–Sept. Di–So 10–18, Okt. bis Ostern Fr–So 10–17 Uhr)* mit vielen exotischen Fischarten.

ESSEN & TRINKEN ÜBERNACHTEN

Casino 2000 [115 E6]
Klein-Las-Vegas auf dem Land mit Spielkasino, Hotel *(31 Zi., €€)*, drei Restaurants *(€€€)*, Loungebar, Eventsaal mit Tanz und Musikgalas

– alles unter einem Dach. *Mondorf-les-Bains, rue Flammang, Tel. 23 61 11, Fax 23 61 12 29, www.casino2000.lu*

Hotelrestaurant Domaine la Forêt **[115 F5]**
Obwohl an der Hauptstraße gelegen, ist dieses familiär geführte Viersternehotel mit neuem, gepflegtem Wellnessbereich eine kleine Oase der Entspannung, auch dank seines sehr guten Restaurants. *16 Zi., Remich, 36, route de l'Europe, Tel. 23 69 99 99, Fax 23 69 98 98, www.hotel-la-foret.lu,* €€–€€€

Hotelrestaurant Mercure Kikuoka Golf Club **[115 F4]**
Neues Haus am Rand eines Golfplatzes. Großzügige Zimmer, sehr gute Küche, gutes Preis-Leistungs-Verhältnis und nur 15 Autominuten nach Luxemburg-Stadt. *75 Zi., Canach-Scheierhaff, Tel. 26 35 41, Fax 26 35 44 44, www.mercure.com,* €€€

Restaurant St-Martin **[115 F5]**
Gutes Terrassen- und Pavillonrestaurant der gleichnamigen Wein- und Sektkellerei. Nach dem Essen lohnt eine Besichtigung der Felsengalerie mit Wein- oder Sektprobe. *Im Sommer tgl., Remich, 53, route de Stadtbredimus, Tel. 23 66 91 02,* €€

Insider Tipp

Hotelrestaurant St-Nicolas **[115 F5]**
Das gepflegte Haus steht direkt an der Uferpromenade von Remich. Im renommierten Restaurant bekommen Sie auch preiswerte Menüs. Originell ist die Wein- und Cocktailbar *Yachting* im gleichen Haus. *40 Zi., Remich, 31, esplanade, Tel. 266 63, Fax 26 66 36 66, www.saint-nicolas.com,* €€–€€€

Hotelrestaurant des Vignes **[115 F5]**
Zimmer (zum Teil mit Balkon oder Terrasse) und Restaurant mit wunderbarem Ausblick auf die Weinberge und das Moseltal. *24 Zi., Remich, 29, rue de Mondorf, Tel. 23 69 91 49, Fax 23 69 84 63, www.hotel-vignes.lu,* €€

AUSKUNFT

Entente Touristique de la Moselle **[113 E5]**
10, route du Vin, 6701 Grevenmacher, Tel. 75 84 12, Fax 75 82 75, www.moselle-tourist.lu

Wer mit dem Auto an der Mosel unterwegs ist, sollte unbedingt etwas Platz im Kofferraum freihalten

Eisenbahnromantik und Picknick im Wald

Die Touren sind in der Karte auf dem hinteren Umschlag und im Reiseatlas ab Seite 108 grün markiert

1 MIT DEM FAHRRAD RINGS UM LUXEMBURG-STADT

Falls Sie mehrere Tage in der Hauptstadt sind, machen Sie unbedingt auch eine kleine Fahrradtour. Vor allem die beiden Flusstäler von Pétrusse und Alzette eignen sich hervorragend dazu. Die folgende kleine, unbeschwerliche Radtour können Sie – je nach Kondition und Laune – in zwei bis vier Stunden absolvieren.

In einer kleinen, kommunalen Fahrradwerkstatt im Grund kann man Räder leihen *(Vélo en Ville, 8, Bisserwé, Tel. 47 96 23 83, Ostern bis Okt. tgl. 10–12 und 13–20 Uhr, Std. 5 Euro, halber Tag 12,50 Euro, 24 Std. 20 Euro, Fr–So 37,50 Euro, Woche 75 Euro, bis 26 Jahre und Gruppen ab 4 Pers. 20 % Ermäßigung).* Dort bekommen Sie auch eine Karte für eine Tour einmal rings um die Stadt (40 km). Es reicht aber auch schon, wenn Sie ein Stück ins parkähnliche Tal der Pétrusse radeln; da findet man halb in den Felsen gebaut die fast tausend Jahre alte *Quirinuskapelle,* römische Kultstätte und späterer Wallfahrtsort für Augenkranke. Heute pilgern vor allem im Sommer viele Erholung Suchende hier hin, um im leider betonierten Bett des Flüsschens zu plantschen, sich auf den Liegewiesen zu tummeln oder sich im Becken einer Riesenfontäne zu erfrischen. Danach kann man weiterradeln ins idyllische Tal der Alzette nach *Hespérange* mit seiner Burgruine (10 km). Unterwegs streift man die idyllisch gelegene alte *Schläifmillen,* in der Maler, Bildhauer und Möbeldesigner arbeiten und ausstellen. Reinschauen lohnt sich!

Das idyllische Tal der Alzette ist ideal für eine Radtour

2 DURCHS TAL DER SIEBEN SCHLÖSSER

Kleine, gewundene Landstraßen, Efeu an den Alleebäumen, idyllische Wiesen und Felder in den Tälern von Mamer, Eisch und Attert – das Eischtal (Vallée de l'Eisch) direkt vor den Toren der Hauptstadt ist eine sehr schöne Gegend Luxemburgs, die Sie gut auf dieser je nach Art und Zahl der

Abstecher und Schlenker zwischen 40 und gut 100 km langen, gemütlichen Rad- oder Autotour entdecken können.

Das gewundene Tal der Eisch ist eine verwunschene Kulisse für die kleinen Burgen und Schlösser (»Tal der Sieben Schlösser«), die sich hier nur wenige Kilometer nordwestlich der Hauptstadt zwischen Mersch und Eischen erstrecken. Interessant, aber nur nach Voranmeldung zu besichtigen *(Tel. 30 02 34)* ist die wieder aufgebaute mittelalterliche Burg *Alt-Ansembourg* hoch über der Eisch. Wenn Sie Glück haben, empfängt Sie der Graf von Ansembourg persönlich! Das Schloss *Neu-Ansembourg* im Tal direkt am Fluss wurde 1639 von den Vorfahren des Grafen erbaut. Sie hatten hier ein erstes Eisenwerk errichtet, produzierten auch Kanonenkugeln für Kaiserin Maria Theresia und wurden darob in den Adelsstand erhoben. Das Schloss ist in Privatbesitz, sehenswert die *Terrassengärten* nach französischem Muster *(tgl. 10–13 und 15–19 Uhr).*

In *Koerich* steht die Ruine der *Grevenburg* mitten im Dorf in reizvollem Kontrast zur eindrucksvollen *Barockkirche St. Remigius,* die sich darüber erhebt. Ihre wunderschöne Innenausstattung von heimischen Kunsthandwerkern stammt aus dem 18. Jh. Von Oktober bis März bemerkenswerte *Kirchenkonzerte (Tel. 39 83 32).* Einen Abstecher wert ist *Nospelt* mit seinem *Töpfereimuseum (12 a, rue des Potiers, Ostern und Juli/Aug. Di–Sa 14–18 Uhr, Tel. 30 03 07).* Nach telefonischer Vereinbarung sind zudem Sonderführungen und Vorführungen bei den noch aktiven Töpfern möglich, wo man auch die beliebten Pfeifvögel »Peckvillerchen« kaufen kann.

Sehenswert sind auch *Useldange* an der Attert mit Burgruine und sorgsam restauriertem Ortsbild und *Schloss Colpach* an der belgischen Grenze. Hier am Stammsitz der Industriellenfamilie Mayrisch war in den Zwanzigerjahren das Zentrum des Kunst- und Geisteslebens von Luxemburg. Eine Ahnung davon vermitteln noch die Bibliothek und der *Park mit Skulpturen* von Aristide Maillol, Georg Kolbe und Antoine Bourdelle. Das Anwesen ist heute ein Erholungsheim des Roten Kreuzes, kann aber tagsüber besichtigt werden.

Auch in puncto Kost und Logis gibt es hier mehrere attraktive Alternativen zur Hauptstadt. In *Gaichel* bei Eischen finden Sie gleich zwei Topadressen direkt an der belgischen Grenze: Für ein Verwöhnwochenende genau das richtige ist das Hotelrestaurant *La Gaichel (12 Zi., Maison 5, Tel. 39 01 29, Fax 39 00 37, www.lagaichel.lu, €€€)* Insider Tipp in herrlicher Parklage mit schönen Zimmern und hervorragender Küche sowie Tennis- und Golfplatz. Direkt daneben das Hotelrestaurant *Auberge de la Gaichel (17 Zi., Maison 7, Tel. 39 01 40, Fax 39 71 13, Restaurant €€, Hotel €–€€)* unter gleicher Leitung, das ebenfalls exquisite Küche und preisgünstige Zimmer anbietet.

Rustikal übernachten und essen können Sie im Hotelrestaurant *Direndall (14 Zi., rue de Mersch, Direndall-Kopstal, Tel. 30 01 92, Fax 30 56 33, www.direndall.com, €)* mit schöner Gartenterrasse; von hier sind es 15 Autominuten nach Luxemburg-Stadt. Beliebt und bekannt für sehr gute, gehobene Küche ist auch das Restaurant *Janin* in *Bour (Mi/Do geschl., 2, rue d'Arlon, Tel. 30 03 78, €€)*. Das *L'Inoui (So/Mo geschl., 62, Grand-rue, Tel. 26 62 02 31, www.inoui.lu, €)* in *Redange* ist ein charmantes Bistrorestaurant mit angeschlossenem *café-théâtre* (Kabarett, Jazz, Chanson, Theater) in einer ehemaligen Dorfkneipe. Natürlich kann man das Tal auch durchwandern, ein Stück auf dem ausgeschilderten *Sentier des Sept Châteaux* etwa oder die ganzen 40 km zwischen Mersch und Gaichel. Auskunft: *Syndicat d'Initiative Mersch, Tel. 325 02 31*

3 WANDERN IM WILDEN MULLERTHAL

Westlich von Echternach beginnt die Kleine Luxemburger Schweiz, wegen ihrer wildromantischen Felsformationen, die die Eiszeitgletscher in den weichen Sandstein gekerbt haben, angeblich einst von den Holländern so getauft. Ein kleines, abenteuerliches Wanderparadies, das zum Pflichtprogramm eines Besuchs an der Sauer gehört. An hohen, bizarr geformten Felsmassiven vorbei geht es da durch enge Spalten, dunkle Schlüffe und Höhlen in den Tälern der Schwarzen Ernz, des Haller- und des Aesbaches, die sich quer durch das Gestein ihren Weg zur Sauer suchen. »Adlerhorst«, »Zickzackschluff«, »Werschrumschluff«, »Räuberhöhle« oder »Predigtstuhl« nennen sich die wilden Gebilde am Wegesrand.

Ausgangspunkt für Wanderungen sind die Orte *Mullerthal* (in der Nähe einen Besuch wert: der *Schießentümpel*, ein kleiner Wasserfall an der Schwarzen Ernz) und vor allem *Berdorf*. An der Straße von Berdorf nach Grundhof bzw. nach Echternach sind Wanderparkplätze, von wo aus Sie auf eigene Faust in

Wildromantisch sprudelt der Schießentümpel bei Mullerthal

Burgen, immer wieder Burgen: Beaufort in der Kleinen Luxemburger Schweiz

die Felsenlandschaft wandern können. Sehr zu empfehlen sind jedoch auch die *geführten Wanderungen (Juli/Aug. Di 10 Uhr oder nach Vereinbarung)*, die im Sommer auf halber Strecke mitten im Wald von einem ländlichen Picknick mit Suppe, Käse, Wein, Kuchen oder anderen kulinarischen Überraschungen unterbrochen werden. Und wer gerne die Wände hochgeht: In Berdorf gibt es auch einen Kletterfelsen. Auskunft: *Syndicat d'Initiative, 6550 Berdorf, Tel. 79 06 43, Fax 79 91 82, www.mullerthal.lu*

Insider Tipp

Einen Abstecher wert sind auch das nahe *Christnach*, eines jener schön restaurierten Dörfer mit großzügigen Bauernhäusern aus der Zeit von Kaiserin Maria Theresia, und die Burgruine *Beaufort (25. März–Okt. tgl. 9–18 Uhr)*, die sich wie ein verwunschenes Märchenschloss aus dem Wald erhebt. Makabre Attraktion: ein Folterkeller mit mittelalterlichen Martergerätschaften. Schwache Nerven können am Ausgang wieder beruhigt werden: mit Cassis, der hier hergestellt wird. Ende Juli werden Burg und Ort bei der *Art Beaufort* für ein Wochenende zum Gesamtkunstwerk mit Ausstellungen und Performances. Auskunft: *Syndicat d'Initiative, Tel. 836 09 93 01, Fax 86 91 08, www.artinbeaufort.lu*

Ländliche Hotels und Restaurants laden auch im Mullerthal zum genüsslichen Verweilen, etwa in Beaufort das beliebte Hotelrestaurant *Meyer (33 Zi., 120, Grand-rue, Tel. 83 62 62, Fax 86 90 85, www.hotelmeyer.lu, €€–€€€)* mit feiner Küche oder in Berdorf das Hotelrestaurant *Bisdorff (26 Zi., 39, rue de Heisbich, Tel. 79 02 08, Fax 79 06 29, www.hotel-bisdorff.lu, €€)*: gute Küche, außerhalb des Orts mitten im Grünen gelegen, mit Pool. In *Grundhof* sehr zu empfehlen ist das *L'Ernz Noire (11 Zi., 2, route de Beaufort, Tel. 83 60 40,*

Insider Tipp

Fax 86 91 51, www.lernznoire.lu, €–€€), ein gepflegtes Haus mit ausgezeichnetem Feinschmeckerrestaurant. Direkt vis-a-vis liegt das Hotelrestaurant *Brimer (25 Zi., 1, route de Beaufort, Tel. 268 78 71, Fax 26 87 63 13, www.hotel-brimer.lu, €–€€)* mit sehr guter Küche, Hallenbad, Fitnessbereich und neuem Anbau mit Familiensuiten.

4 »BAHN-WANDERN« DURCH LUXEMBURG

Bei dieser Tour erfahren Sie Luxemburg in der Kombination Schiene und Schusters Rappen. Vom Hauptbahnhof fahren Sie zunächst rund 40 km durch eine herrliche Landschaft in die Luxemburger Ardennen nach Wilwerwiltz. Von dort wandern Sie 10 km (etwa 2–3 Std.) durch eine der einsamsten und schönsten Gegenden des Nordens – durch üppige Wiesen, vorbei an Bächen und Schafen und Kühen, die träge in der Sonne liegen – nach Kautenbach. Vom dortigen Bahnhof geht es per Bahn wieder zurück in die Hauptstadt.

Langsam tuckert die Bahn durch die lang gestreckten Vororte der Hauptstadt: interessante Einblicke in Gärten und Hinterhöfe, die Sie so nur per Bahn kriegen! Dann öffnet sich allmählich das Land, Sie gleiten durch sanft gewelltes Gelände mit Feldern, Wiesen, kleinen Wäldern. Allmählich, hinter Ettelbruck, wird es spannend. Die Gleise winden sich durch immer engere Täler, durch die sich Clerve und Sauer schlängeln, die blauen Lebensadern der Ardennen. Zwischen Bourscheid mit seiner mächtigen Burgruine und dem schattigen Kautenbach am Zusammenfluss von Wiltz und Clerve wähnt man sich in einem verwunschenen grünen Märchenreich. Vergessen Sie darüber nicht, in *Wilwerwiltz (S. 69)* auszusteigen!

An der Kirche folgen Sie dem Wegweiser »Sentier Auto-pédestre« nach Lellingen, einem winzigen Dorf in einem üppigen Wiesengrund. Von dort auf dem markierten Fahrradweg durch das Tal der Clerve bis zur Schuttbourger Mühle. Wenn Sie unterwegs auf seltsam anmutende entrindete Äste und Baumstämme stoßen: Das sind die Relikte der »Louschlaisser«, der Lohheckenbauern, die hier die Rinde der jungen Eichen ernten, um daraus den Gerbstoff zur Lederherstellung zu gewinnen. Anfang Mai feiern sie alljährlich ihr Lohheckenfest in den Wäldern um Wilwerwiltz.

Weiter geht es abwärts auf dem Sentier du Nord nach *Kautenbach (S. 69)*. Unterwegs öffnen sich immer wieder schöne Ausblicke ins waldige Tal der Wiltz. Und am Ende wartet ein einladendes Lokal: das *Hotelrestaurant Hatz (S. 69)*.

Diese Tour ist nur eine von 40 speziellen Bahnwanderungen »Von Bahnhof zu Bahnhof« im ganzen Land, die die Luxemburger Staatsbahn CFL ausgearbeitet hat und in einem gut gemachten Hefter vorstellt (im Buchhandel oder bei der Gepäckausgabe im Hauptbahnhof). Eine weitere interessante Tour führt ab Bahnhof Dudelange nach Tetange quer durch das inzwischen wieder grüne »Land der roten Erde« im Süden. Wer die Touren lieber mit dem Rad machen will: Die Bahn nimmt ein Rad pro Fahrgast kostenlos mit! *www.cfl.lu*

Ardennen, Weinberge und Wildwasser

Zu Wasser, zu Lande und in der Luft – Luxemburg hat was für (fast) alle Elemente

Auf Grund seiner äußerst abwechslungsreichen Landschaft mit vielen Hügeln und Tälern ist Luxemburg zuallererst ein klassisches Wanderland mit ausgezeichneter Infrastruktur, aber auch eine interessante Herausforderung für Radfahrer und Mountainbiker. Einen detaillierten Überblick über alle Sportangebote gibt die Broschüre »Sport und Wellness«, die Sie beim Office National du Tourisme erhalten.

FLIEGEN

Rundflüge mit dem Sportflugzeug (auch Fallschirmspringen): *So auf dem Flugfeld Wiltz-Noertrange, Tel. 95 84 30.* Rundflüge mit dem Segelflugzeug: *Cercle de Vol-à-Voile, Useldange Op der Hoh, Tel. 23 63 81 17, April–Okt. Sa/So.* Die beschaulichste Form, Luxemburg aus der Vogelperspektive zu erleben, sind Flüge mit dem Heißluftballon. Je nach Wetter ist dazu täglich (auch im Winter) Gelegenheit – inklusive Lufttaufe mit Champagner – bei *Skylines International, 6101 Junglinster, Tel. 789 07 51.*

Die Untersauer ist ein Pilgerziel für Paddler und Kanuten

GOLF

Das kleine Land wartet mit sechs wunderbaren Anlagen auf, verstreut übers ganze Großherzogtum, in Canach, Gaichel und Clervaux auch mit repräsentativem Hotel:

– *Golf-Club Grand-Ducal de Luxembourg, 2633 Senningerberg, Tel. 340 09 01*

– *Golf de Clervaux, 9701 Clervaux-Eselborn, Tel. 92 93 95*

– *Golf und Country Club, 7641 Christnach, Tel. 87 83 83*

– *Golf du Domaine de Behlenhaff, 6141 Junglinster, Tel. 780 06 81*

– *Golf-Club Gaichel, 8469 Gaichel, Tel. 39 71 08*

– *Kikuoka Country Club, Scheierhaff, 5412 Canach, Tel. 35 61 35*

HOCHSEILGÄRTEN & OUTDOOR-SPORTCENTER

Diese beliebten Abenteuer-Kletter-Parks wachsen in allen Teilen Luxemburgs aus dem Boden: *Indian Forest* in Vianden, *Fuussekaul* in Heiderscheid, *Birkelt* in Larochette und *Park Leih Adventures* in Dudelange. Dazu kommt das große Outdoor-Sportzentrum *Mamm'out* in Merkholtz bei Wiltz *(www.mammout.be).*

Beim Flughafen liegt der Golfplatz der Hauptstadt: Senningerberg

INLINESKATING

Inlineskaten erfreut sich auch in Luxemburg großer Beliebtheit, obwohl es auf Radwegen offiziell verboten ist. Trotzdem herrscht dort reger Skaterbetrieb, vor allem auf den beliebten Strecken nahe der Hauptstadt (Pulvermühle–Hespérange im Tal der Alzette), längs der Mosel (Schengen–Wormeldange) und rings um den Echternacher See. In der Hauptstadt ist von Mai bis September zweimal im Monat sonntags von 10 bis 12 Uhr ein Rundkurs durch die dann autofreien Straßen der Innenstadt freigegeben. Auskunft: *Tel. 47 96 25 21*

RADFAHREN & MOUNTAINBIKING

Gemütlich oder sportlich, im Familienverbund oder im großen Vereinspulk, auf Radwegen (derzeitige Gesamtlänge ca. 600 km, 900 km sollen es einmal werden) oder wenig befahrenen Nebenstrecken – Radfahrer finden im Großherzogtum ideale Bedingungen. Eine Broschüre mit Tipps (Fahrradverleih, Streckenempfehlungen) ist beim ONT erhältlich, der ausführliche Radwanderführer »Velo-Tour Luxemburg« ist bei Editions Binsfeld erschienen. Die Website *www.tours.lu* informiert Radfahrer und Mountainbiker über interessante Strecken und die dazugehörige Infrastruktur. Außerdem gibt es in den Ardennen, im Obersauergebiet und im Mullerthal Pauschalen: radwandern ohne Gepäck, Halbpension im Hotel, auf Anfrage Leihräder gratis *(Tel. 99 00 20, www.ardennes-hotels.lu; Tel. 72 04 57, www.mullerthal.lu)*.

Für Mountainbiker ist vor allem die spektakuläre Mittelgebirgslandschaft der Ardennen eine Herausforderung. Damit man auf Anhieb die besten Pisten erwischt, haben die Fremdenverkehrsämter des Nordens einen Mountainbikeführer mit 15 attraktiven, detailliert beschriebenen Tourenvorschlägen ausgearbeitet, Länge zwischen 11 und 40 km, verschiedene Schwierigkeitsgrade (im luxemburgischen Buchhandel erhältlich, *www.editionsguybinsfeld.lu*). Die Strecken sind gut ausgeschildert.

REITEN

Zwei Dutzend Reiterhöfe und -schulen im ganzen Land freuen sich auf Pferdefreunde. Besondere Attraktion: mehrtägige Ausritte z. B. rund um den Obersauer-Stausee mit Übernachtung auf Pferdehöfen (Auskunft: *Naturparkzentrum Obersauer, Tel. 899 33 11, Fax 89 95 20, www.naturpark-sure.lu). Fédération Luxembourgeoise des Sports Équestres (Tel. 48 49 99, www.FLSE.lu)* und *Centre Équestre International (Tel. 86 90 11, www.hippoline.lu)*

SCHIFFSAUSFLÜGE

Von Remich aus kann man von März bis Ende Oktober mit Ausflugsschiffen Touren auf der Mosel machen *(Auskunft: Navitours, Tel. 75 84 89, Fax 75 04 59, www.navitours.lu)*. Hier legt auch das komfortable Passagierschiff »Princesse Marie-Astrid« an, das zwischen Grevenmacher und Schengen verkehrt, aber auch Sonderfahrten z.B. bis Bernkastel an der deutschen Mosel unternimmt. Beliebt sind auch die Schlemmerfahrten im eleganten Bordrestaurant (Auskunft: *Entente Touristique de la Moselle, 10, route du Vin, 6701 Grevenmacher, Tel. 75 82 75, Fax 75 86 66, www.moselle-tourist.lu)*.

Insider Tipp

WANDERN

Fast alle Regionen eignen sich hervorragend für Wanderungen: Flusstäler, Ardennen, Weinberge an der Mosel, »Terre Rouge« im Süden … Über ganz Luxemburg verteilt gibt es 171 einheitlich ausgeschilderte Rundwanderwege (blaues Dreieck auf weißem Grund) von 4 bis 16 km Länge. Start ist jeweils auf einem Wanderparkplatz. Im Buchhandel gibt es eine Broschüre mit genauer Beschreibung dieser »Circuits Auto-pédestres«. Auch Wandern ohne Gepäck ist möglich (Auskunft: *Tel. 99 00 20, www.ardennes-hotels.lu; Tel. 92 14 15, www.hotels-ardennes.lu)*.

WASSERSPORT

Wassersportlern bieten die Seen und Flüsse des Landes vielfältige Möglichkeiten. Vor allem Kanu, Kajak, Paddeln auf Mosel, Untersauer (ab Ettelbruck) und dem Obersauer-Stausee (April–15. Juli). Von Oktober bis März außerdem auf den Wildwassern der Clerve (ab Clervaux), Wiltz (ab Wiltz), Our (ab Dasburg) und Sauer (ab Martelange bis Ettelbruck) – nur auf diesen Abschnitten und nur bei ausreichendem Wasserstand. Auskunft: *Fédération de Canoe-Kayak, Tel. 75 03 79,* und *Outdoor Centre (Kanuverleih), 10, rue de la Sûre, Dillingen, Tel. 86 91 39, www.outdoorfreizeit.lu*

Windsurfen ist möglich auf dem Echternacher See, auf dem Obersauer-Stausee, auf dem Remerschener und dem Weiswampacher See, dem Rosporter Stausee sowie auf der Mosel bei Remerschen.

WINTERSPORT

Bei genügend Schnee werden Langlaufloipen bei Asselborn, Hosingen und Weiswampach gespurt.

Zu Besuch bei flatterhaften Wesen

Im »Kleinsein« sind die Luxemburger groß – kein Wunder also, dass sie sich auch für ihre kleinen Gäste allerhand haben einfallen lassen

Schmetterlinge schlüpfen sehen, Bauer oder Safarijäger spielen oder im Märchenpark den gestiefelten Kater suchen, Radfahren am Fluss, Paddeln oder Schwimmen im See, Wandern und Stromern im abenteuerlichen Mullerthal: Das sind nur ein paar Beispiele für Unternehmungen, die Kindern und Erwachsenen gleichermaßen Spaß machen.

STADT LUXEMBURG UND UMGEBUNG

City-Safari-Tour [U C3]

Ein zweistündiger Stadtrundgang der etwas anderen Art: Kinder (fünf bis zwölf Jahre) werden von einem erwachsenen Führer durch die Stadt gelotst und müssen dabei eine Reihe von Aufgaben lösen, die ihre volle Beobachtungsgabe erfordern. Am Ende muss alles zu einem Lösungswort zusammenpassen – dem Schlüssel, der alle zum richtigen Ziel führt. Den erfolgreichen »Jägern« wird am Ende das »Safari-Diplom« der Stadt Luxemburg verliehen. *Mitte Juli–Mitte Sept. Di–So 14.30 Uhr (für Gruppen Extratermine nach Vereinbarung) ab City Tourist Office an der place d'Armes, 5 Euro pro Kind, Tel. 22 28 09*

Zügellos: eine kleine Luxemburger Reiterin

Natur Musée [U D4]

Das Museum für Naturgeschichte im Stadtteil Grund ist eine Erlebniswelt für alle Sinne – für Kinder wie für Erwachsene gleichermaßen interessant, amüsant und lehrreich. Die Sammlung wird nicht in verstaubten Vitrinen, sondern äußerst anschaulich und lebendig präsentiert. Drinnen gibt es mächtige Knochengerüste von Dinos zu bestaunen, jede Menge gut gemachter Tierpräparate aus heimischen wie aus exotischen Gegenden, Kurzfilme über das Leben der Neandertaler oder das Entstehen von Erdbeben und Vulkanausbrüchen.

Selber aktiv werden kann man mit dem Mikroskop oder an der »Tast- und Riechbox«. In einem kleinen Planetarium lässt sich anhand von beweglichen Modellen der Einfluss von Sonne und Mond auf die Erde studieren. Auch die regelmäßigen Sonderausstellungen zu Themen wie »Eiszeit« oder »zzz … Fliegen« bereichern den Rundgang. *25, rue Munster, Di–So 10–18 Uhr, www.mnhn.lu, 4,50 Euro, Kinder ab 6 Jahre 3 Euro*

IM TAL DER SAUER

Insider Tipp **Naturentdeckungstour Obersauer-Stausee** [110 C3]

Auch für Kinder ein Erlebnis: Von *Insenborn* aus kann man auf einem Solarboot eine zweistündige, geführte *Naturentdeckungstour* auf dem See machen zum Waldentdeckungszentrum *Burfelt* mit Naturlehrpfad und Ausstellung zum Ökosystem des Waldes. *Mitte Juni–Mitte Sept. Di–So 10, 13.45, 16 Uhr, Mai–Mitte Juni und Mitte Sept. bis Mitte Okt. Di, Do, Sa, So 15 Uhr, 8 Euro, Kinder 4–12 Jahre 4 Euro, Anmeldung beim Infobüro Naturpark Obersauer, Tel. 899 33 11, www.naturpark-sure.lu*

IN DEN ARDENNEN

Spielzeugmuseum in Clervaux [109 D4]

Da werden die Kids von heute aber staunen, womit ihre Großväter und -mütter so alles gespielt haben: mit Kaufläden und Puppenstuben, Zinnsoldaten, Dampfmaschinen, Eisenbahnen, Schiffen und Autos aus Weißblech. Die ältesten Modelle haben schon gut 100 Jahre auf dem Buckel! Ein privater Sammler hat diese originelle und kostbare »Spielkiste« über Jahrzehnte aufgebaut. *9, Grand-rue, Ostern–Dez. Mi–Mo 10–12 und 14–18 Uhr, Jan.–Ostern Sa/So 10–12 und 14–17 Uhr, 3 Euro, Kinder ab 4 Jahre 2 Euro*

Puppen- und Volkskundemuseum in Vianden [109 F6]

Werden in Clervaux hauptsächlich die historischen Spielzeuge der Jungs gezeigt, liegt der Schwerpunkt hier auf Spielzeugpuppen von 1860 bis zum Auftauchen der ersten Barbies 100 Jahre später. 300 Exemplare gucken den Besucher erwartungsvoll aus ihren Glupschaugen an, am eindrucksvollsten die französischen Porzellanpuppen mit aufwändig gearbeiteter Wechselgarderobe, begleitet von jeder Menge Teddybären von 1925 an aufwärts. Nebenan sind alte Möbel, Haushaltsgegenstände und Kunsthandwerk aus dem 17./18. Jh zu sehen. *96, Grand-rue, Ostern–Okt. Di–So 11–17 Uhr und nach Vereinbarung, Tel. 83 45 91, 2,50 Euro, Kinder 1,50 Euro*

Domaine Touristique A Robbesscheier in Munshausen [109 D4]

★ Angefangen hat alles als kleines »Museum des Ardenner Pferdes«. Da zeigten Bauern aus dem Dorf, wie man früher mit den stämmigen Ackergäulen das Feld bestellte oder das Holz aus dem Wald holte. All dies findet auch heute noch rings um die Robbesscheier statt, wo die Besucher am Wochenende zusammen mit den »Museumsbauern« im Jahreskreis säen und ernten (Getreide, Heu, Kartoffeln), dreschen oder den Pferden die Hufe pflegen können. Dazu gibt es ein spezielles Animationsprogramm für Kinder mit Kutschfahrt, Bienenschule, Eselreiten, Kaninchenfüttern, Brotbacken und ähnlichen Angeboten. Höhepunkt des Jahres ist der Tag des Ardenner Pferdes am zweiten Sonntag im September, ein großes Volksfest rings um den Hof. Für Familien und Gruppen gibt es Übernachtungsmöglichkeiten u. a. in einem ehemaligen Schulhaus und auf dem Bauernhof *Sammeshaff*. In der Mu-

Jugend forscht: mit dem Solarboot auf Naturentdeckungstour

seumskneipe bekommen Sie gute, deftige Ardenner Hausmannskost. *1, Frummeschgaass, tgl. 10–18 Uhr, 4–6 Euro, Tel. 921 74 51, www.robbesscheier.lu*

DER SÜDEN

Märchenpark Bettembourg [115 D5–6]

Es war einmal ein kleiner Märchenpark in den Fünfzigerjahren des 20. Jhs. Darin lebten hübsch kitschige Märchenfiguren von Aschenputtel bis zum gestiefelten Kater. Die sind, leicht aufgefrischt, immer noch da, dazu gesellt haben sich inzwischen aber jede Menge lebendiger Tiere: einheimische und exotische Vögel in Volieren, »wilde« Tiere wie Waschbären, Riesenschlangen, Affen und Krokodile in Gehegen und Terrarien. Dazu ein großer Abenteuerspielplatz mit Kletterpark, ein Ponyexpress und ein Minizug. *Route de Mondorf, April–Mitte Okt. tgl. 9.30–18 Uhr, 7 Euro, Kinder ab 3 Jahre 4 Euro, www.parc-merveilleux.lu*

AN DER MOSEL

Jardin des Papillons Grevenmacher [113 E5]

★ Von außen sieht es aus wie ein großes Gewächshaus, und drinnen herrschen tatsächlich tropische Temperaturen – wie geschaffen für die flatterhaften Wesen, die hier zu Hause sind. Die einheimische Sektkellerei Bernard-Massard hat diesen Schmetterlingspark eingerichtet. Inmitten eines botanischen Gartens flattern über 40 Arten farbenfroher exotischer Schmetterlinge über die verblüfften Besucher hinweg. Von der Eiablage über das Raupenstadium bis zur Verpuppung und dem Schlüpfen als Schmetterling können hier alle Lebensstadien des Insekts eingehend studiert werden. *Route du Vin, April–Mitte Okt. tgl. 9.30–17 Uhr, 6 Euro, Kinder 3 Euro, www.papillons.lu*

Angesagt!

Was Sie wissen sollten über Trends, die Szene und Kuriositäten in Luxemburg

Heiße Sommernächte

An Sommerabenden ist die Stadt Luxemburg ein einziges großes Open-Air-Lokal: Auf den Plätzen in der City und der Altstadt summt und brodelt es, und unten im Grund und in Clausen werden die Kneipen abends bis in die engen Gassen hinaus verlängert. Da sitzt und flirtet man mit dem Bier- oder Sektglas in der Hand auf den Mäuerchen der Alzettebrücken, und aus den Kneipen dröhnt Musik.

Hier rockt das Lamm

In der Luxemburger City machen sich sehr zur Freude der jüngeren Gäste immer mehr schicke und originelle Lounges, Restos und Bars breit. Eine derzeit besonders angesagte Adresse ist die *Apoteca (12, rue de la Boucherie)*. Da waltete zunächst der schrille Jungkoch Damien Klein, Luxemburgs Antwort auf Jamie Oliver. Jetzt hat »Crazy Damien« das Küchenzepter an Stéphane Caro weitergegeben – und der macht weiter unter dem Motto »Expect the unexpected«: optisch-kulinarische Gesamtkunstwerke mit bizarren Namen wie Isle of Octopus, Pig Chaos oder Rock 'n' Roll Lamb. Ein Paradies für große Kinder, die schon immer gerne bei und mit dem Essen spielten. Zu Risiken und Nebenwirkungen fragen Sie Ihren Koch in der Apotheke …

Chill at the Phil

Die neue Philharmonie auf dem Kirchberg ist absolut sexy – nicht nur für reine Klassikfreaks! Architekturliebhaber stöhnen begeistert auf, Metrosexuals chillen after business bei *Piano Jazz at the Phil*, Kenner lauern auf das Gastspiel der Gréco. Die Phil hat was – für (fast) jeden: für die Kleinen *Philou*, die Konzertreihe speziell für Kids, für die Party-People *DJ-Nächte im Foyer*, für die Feinschmecker das Aromarestaurant *Papila. www.philharmonie.lu*

Im wilden Süden

Anlaufstelle für junge Luxemburgerinnen und Luxemburger, die nicht so auf das Schickimickiflair der Hauptstadt stehen, ist die Kulturfabrik in Esch-sur-Alzette *(www.kulturfabrik.lu)*. Auf dem Gelände des ehemaligen Schlachthofs gibts jede Menge Livegigs von Jazz über Ethnopop bis Independent und hin und wieder auch Offtheater vom Feinsten.

Von Anreise bis Zoll

Hier finden Sie kurz gefasst die wichtigsten Adressen und Informationen für Ihre Luxemburgreise

ANREISE

Auto

Aus Nord-, Ost- und Westdeutschland fährt man am besten über Aachen, St-Vith (Belgien) quer durch die Ardennen nach Clervaux oder durch die Eifel über Bitburg und Echternach oder durchgehend Autobahn über Köln, Koblenz, Trier bis Luxemburg-Stadt. Aus Süddeutschland empfiehlt sich die A 6/A 8 Mannheim–Kaiserslautern–Perl –Luxemburg-Stadt.

Bahn

Alle Bahnverbindungen laufen über Trier, wo man meistens umsteigen muss. Die Fahrzeit von Frankfurt beträgt knapp vier, von München gut sieben Stunden. Innerhalb Luxemburgs erreicht man fast alle Orte mit dem Nahverkehrszug oder dem Bus. Die Mitnahme von Fahrrädern ist innerhalb Luxemburgs in fast allen Zügen möglich, ebenso in den Nahverkehrszügen zwischen Trier und Luxemburg-Stadt.

Flugzeug

Regelmäßige Linienflüge zum Flughafen Luxemburg-Findel gibt es unter anderem von Berlin, Frankfurt, München, Genf und Wien. Vom Flughafen verkehren ein Luxair-Autobusdienst sowie ein Linienbus in die City und zum Bahnhof. Auskunft: *Tel. 245 61, www.luxair.lu*

AUSKUNFT

Luxemburgisches Verkehrsamt
Bismarckstr. 23, 41061 Mönchengladbach, Tel. 02161/20 88 88, Fax 20 65 73

Luxemburger Botschaft, Abteilung für Tourismus
Klingelhöferstr. 7, 10785 Berlin, Tel. 030/257 57 73, Fax 25 75 77 55

Office National du Tourisme (ONT)
Postfach 1001, L-1010 Luxemburg, Tel. 428 28 21, Fax 42 82 82 38, www.visitluxembourg.lu

AUTO

Höchstgeschwindigkeit innerorts 50, außerorts 90, Autobahnen 130 (bei Regen 110) km/h, Promillegrenze 0,8. Das Anlegen des Sicherheitsgurts ist auf allen Plätzen vorgeschrieben. Die Autobahnen sind gebührenfrei. Pannenhilfe: *Automobile Club Luxembourg, Tel. 260 00.*

BANKEN & KREDITKARTEN

Die Banken haben meist Mo–Fr von 8.15 bis 12.15 Uhr und von

13.30 bis 17.30 Uhr geöffnet. Außerdem gibt es jede Menge Geldautomaten. Kreditkarten sind so verbreitet, dass Sie zur Not auch ganz ohne Bargeld auskommen.

CAMPING

Über 120 Campingplätze hat das Land vorzuweisen, die schönsten in den Ardennen und am Ufer der Sauer. Eine Broschüre mit Fotos und Preisen gibt es beim ONT.

DIPLOMATISCHE VERTRETUNGEN

Deutsche Botschaft
20–22, avenue Émile Reuter, 2420 Luxembourg, Tel. 453 44 51

Österreichische Botschaft
3, rue des Bains, 1212 Luxembourg, Tel. 471 18 81

Schweizer Botschaft
35, boulevard Royal, 2449 Luxembourg, Tel. 227 47 41

INTERNET

Die für Touristen wichtigste Website ist die des ONT, wo fast alle relevanten Infos von Hotels über Events bis zu Rad- und Wanderwegen gebündelt sind (auch viele Links zu den Regionen): *www.visitluxembourg.lu.* Speziell für die Stadt Luxemburg: *www.lcto.lu.* Alle wichtigen Veranstaltungen im ganzen Land: *www.agendalux.lu.* Alle Kulturevents: *www.cultureweb.lu.* Eine Suchmaschine speziell für Luxemburg: *www.plaza.lu* (auf Französisch).

INTERNETCAFÉS

Fast alle Hotels haben Internetanschlüsse für ihre Gäste. Zwei Internetcafés in der Hauptstadt: *Digital World, 61, avenue de la Liberté,* und in der *Jugendherbergszentrale (siehe unten).*

JUGENDHERBERGEN

Es gibt zehn Jugendherbergen, gut übers ganze Land verteilt. Die schönsten und modernsten in Luxemburg-Stadt, Remerschen, Echternach und Lultzhausen haben durchaus schon Hotelstandard. Erforderlich ist ein Jugendherbergsausweis oder der Erwerb von *Welcome-Stamps (3 Euro pro Tag).* Die Übernachtung kostet inklusive Frühstück rund 15–20 Euro pro Person. Info und Buchung: *Luxembourg Youth Hostel Association, 2, rue du Fort Olisy, 2261 Luxembourg, Tel. 26 27 66 40, Fax 26 27 66 42, www.youthhostels.lu*

KLIMA

Luxemburg hat ein gemäßigtes Klima. Wesentlich tragen die Ardennen zur Wetterbildung bei: Die atlantischen Strömungen verlieren über dem Hochplateau schon viel Feuchtigkeit, Niederschläge sind relativ gering und gleichmäßig übers ganze Jahr verteilt. Dennoch ist das Klima im Norden rauer und feuchter.

LUXEMBOURG-CARD

Mit der Luxembourg-Card können Sie kostenlos alle öffentlichen Verkehrsmittel im ganzen Land benutzen. Zusätzlich erhält man freien Eintritt zu fast allen touristischen Attraktionen. 30 Prozent Ermäßigung gibt es auf Ausflugsfahrten wie den Pétrusse-Express oder auf einigen Moselschiffen. Die Karte kostet für einen Tag 10 Euro (Familien 20 Euro), für zwei Tage 17 (34) und für drei Tage 24 (48) Euro.

Was kostet wie viel?

Kaffee	**1,50–2,50 Euro** für eine Tasse Espresso
Imbiss	**3 Euro** für eine Rostbratwurst
Wein	**4–8 Euro** für ein Viertel (0,25 l)
Museum	**3–6 Euro** für den Eintritt
Benzin	**1–1,10 Euro** für 1 l Super bleifrei
Taxi	**80 Cent** pro gefahrenen Kilometer

NOTRUF

Polizei: *Tel. 113*
Unfallrettung: *Tel. 112*
Automobilclub: *Tel. 260 00*

ÖFFENTLICHE VERKEHRSMITTEL

Es gibt günstige Tagestickets (5 Euro), die landesweit für alle Bahnlinien und Linienbusse gelten. Die Bahn befördert Fahrräder kostenlos! Auskunft, Reservierungen und Fahrkarten: *Hauptbahnhof Luxemburg-Stadt, tgl. 6–22 Uhr, Tel. 24 89 24 89, www.cfl.lu*

POST

Die Postämter in den Städten haben meist Mo–Fr von 8 bis 12 und von

13.30 bis 17 Uhr geöffnet. Das Porto für einen Brief bis 20 g oder eine Postkarte in der EU kostet 70 Cent.

PREISE

Generell sind die Lebenshaltungskosten um zehn bis 20 Prozent höher als in Deutschland, wobei die Preise in der Hauptstadt oft noch einmal zehn bis 20 Prozent über denen der ländlichen Gebiete liegen. Billiger als in Deutschland sind nach wie vor Benzin und Zigaretten. Der Eintritt in die Disko kostet 5–10 Euro, eine Busfahrkarte in der Stadt 1,50 Euro, eine Stunde im Parkhaus ca. 2 Euro, eine Flasche Moselwein im Laden ab 4 Euro.

TELEFON & HANDY

Innerhalb des Landes existieren keine Vorwahlen. Die Vorwahl nach Luxemburg ist 00352, von Luxemburg nach Deutschland 0049, in die Schweiz 0041, nach Österreich 0043. Bei Handynummern (sie beginnen meist mit 0621) muss außer der Landesvorwahl die erste Null mitgewählt werden.

VERSTÄNDIGUNG

Die alteingesessenen Luxemburger sprechen und verstehen alle Deutsch, sodass man sich in der Regel überall gut verständigen kann. Schwierigkeiten kann es mal im Süden des Landes (oder in Hotels und Restaurants) geben, wo der Ausländeranteil sehr hoch und die Verkehrssprache Französisch ist. Führungen in Museen, Burgen etc. sind in der Regel auch auf Französisch oder Lëtzebuergesch, auf Wunsch aber meist auch problemlos auf Deutsch.

ZOLL

Waren für den persönlichen Bedarf dürfen innerhalb der EU frei ein- und ausgeführt werden. Für Schweizer gelten reduzierte Freimengen.

Wetter in Luxemburg-Stadt

	Jan.	Feb.	März	April	Mai	Juni	Juli	Aug.	Sept.	Okt.	Nov.	Dez.
Tagestemperaturen in °C	2	4	10	14	18	21	23	22	19	13	7	3
Nachttemperaturen in °C	-3	-2	1	4	7	10	12	12	9	5	2	-1
Sonnenschein Std./Tag	1	2	4	6	7	6	6	6	5	3	3	3
Niederschlag Tage/Monat	13	11	10	10	10	10	10	12	10	9	12	12

Reiseatlas Luxemburg

Die Seiteneinteilung für den Reiseatlas finden Sie auf dem hinteren Umschlag dieses Reiseführers

Kartenlegende Reiseatlas

Deutsch	Zeichen	English
Autobahn · Gebührenpflichtige Anschlussstelle · Gebührenstelle · Anschlussstelle mit Nummer · Rasthaus mit Übernachtung · Raststätte · Kleinraststätte · Tankstelle · Parkplatz mit und ohne WC	Trento 11 P P	Motorway · Toll junction · Toll station · Junction with number · Motel · Restaurant · Snackbar · Filling-station · Parking place with and without WC
Autobahn in Bau und geplant mit Datum der Verkehrsübergabe	Datum Date	Motorway under construction and projected with completion date
Zweibahnige Straße (4-spurig)		Dual carriageway (4 lanes)
Fernverkehrsstraße · Straßennummern	14 E45	Trunk road · Road numbers
Wichtige Hauptstraße		Important main road
Hauptstraße · Tunnel · Brücke		Main road · Tunnel · Bridge
Nebenstraßen		Minor roads
Fahrweg · Fußweg		Track · Footpath
Wanderweg (Auswahl)		Tourist footpath (selection)
Eisenbahn mit Fernverkehr		Main line railway
Zahnradbahn, Standseilbahn		Rack-railway, funicular
Kabinenschwebebahn · Sessellift		Aerial cableway · Chair-lift
Autofähre		Car ferry
Personenfähre		Passenger ferry
Schifffahrtslinie		Shipping route
Naturschutzgebiet · Sperrgebiet		Nature reserve · Prohibited area
Nationalpark, Naturpark · Wald		National park, natural park · Forest
Straße für Kfz. gesperrt		Road closed to motor vehicles
Straße mit Gebühr		Toll road
Straße mit Wintersperre	XII-II	Road closed in winter
Straße für Wohnanhänger gesperrt bzw. nicht empfehlenswert		Road closed or not recommended for caravans
Touristenstraße · Pass	Weinstraße 1510	Tourist route · Pass
Schöner Ausblick · Rundblick · Landschaftlich bes. schöne Strecke		Scenic view · Panoramic view · Route with beautiful scenery
Heilbad · Schwimmbad		Spa · Swimming pool
Jugendherberge · Campingplatz		Youth hostel · Camping site
Golfplatz · Sprungschanze		Golf-course · Ski jump
Kirche im Ort, freistehend · Kapelle		Church · Chapel
Kloster · Klosterruine		Monastery · Monastery ruin
Schloss, Burg · Schloss-, Burgruine		Palace, castle · Ruin
Turm · Funk-, Fernsehturm		Tower · Radio-, TV-tower
Leuchtturm · Kraftwerk		Lighthouse · Power station
Wasserfall · Schleuse		Waterfall · Lock
Bauwerk · Marktplatz, Areal		Important building · Market place, area
Ausgrabungs- u. Ruinenstätte · Bergwerk		Arch. excavation, ruins · Mine
Dolmen · Menhir · Nuraghen		Dolmen · Menhir · Nuraghe
Hünen-, Hügelgrab · Soldatenfriedhof		Cairn · Military cemetery
Hotel, Gasthaus, Berghütte · Höhle		Hotel, inn, refuge · Cave
Kultur		**Culture**
Malerisches Ortsbild · Ortshöhe	WIEN (171)	Picturesque town · Elevation
Eine Reise wert	★★ MILANO	Worth a journey
Lohnt einen Umweg	★ TEMPLIN	Worth a detour
Sehenswert	Andermatt	Worth seeing
Landschaft		**Landscape**
Eine Reise wert	★★ Las Cañadas	Worth a journey
Lohnt einen Umweg	★ Texel	Worth a detour
Sehenswert	Dikti	Worth seeing
Ausflüge & Touren		**Excursions & tours**

Baraque Fraiture
Baraque de Fraiture
N 89
50
Otré
B
541
Provedroux
Chapelle St-Roch
C
Cierreux
Bogery
581
La Grande Fagne
Petites Tailles
Salm
Bois de Ronce
Château de Cierreux
Moulin de Cierreux
633
Bihain
508
1
TAILLES
616
12,5
Fagne de Longfa
Langlîre
Bovigny
N 68
Chapelle St-Martin
Châbrehé
541
Eaude Martin Moulin
587
Courtil
Les Colâs
B E L G I Q U
E25
15
Bouchons de Bâclain
Lomré
N 878
Bâclain
Halconreux
Gouvy
Montleban
Bois de Cédrogne
470
Moulin Meuse
Bois de St-Jean
2
Bois de Martin Moulin
483
3,5
Sterpigny
Vaux
Cherain
Cherapont
496
Pivet
Hausté
455
DINÉ
N 30
N 827
Retugny
GR 57
Limerlé
FONTENAILLE
WIBRIN
MONT
SOMMERAIN
Brisy
ADRIN
des Six Ourthes
ACHOUFFE
Moulin de Bistain
Steinbach
443
31
51
TAVERNEU
Bois de Lihèrin
528
Petite Mormont
409
Mont
de Nisrâmont
10
A26
2,5
HOUFFALIZE
CÉTURU
Bois de Rouvroi
ancien Moulin de Rensiwé
N 860
GR 57
11
Helzerboesch
Bois-Biv
3
BONNERU
458
Alhoûmont
484
Klaus
484
Bois du Couturi
N 826
VISSOÛLE
TAVIGNY
Bernistape
Hachiville
Weiler
473
N 30
3,5
2,5
MABOMPRÉ
Hoffelt
Asselb
VELLEREU
Wicourt
4,5
Wandebourcí
BURET
Emeschbach
52
Mabompré
Galgeknupp
N 847
Compogne
442
BOEUR
Tretterbaach
497
Vivrou
VAU
RACHAMPS
Hardigny
6,5
18
469
Antoniushaff
Stocke
2,5
Troine
NOVILLE
E25
Etang de Fasone
Cobru
Gros Bois
Crendal
4
Monnaville
493
BOURCY
Lullange
Wincrang
RECOGNE
524
Hinterhassel
Boevange
Château de Recogne
Troine-Route
Netrimont
Deutschld.
4,5
500
Hamiville
FOI
MICHAMPS
MOINET
Allerborn
546
Horitine
Féitsch
Bois Haard
Oûbourci
20
Schaed
5,5
N 30
Arloncourt
12
Brachtenbach
Selscheid
16
LONGVILLY
Oberwampach
Hett
522
BIZÔRY
11
498
N 854
53
Luzeri
Mémorial du Mardasson
MAGERET
Derenbach
Schimpach
Naasheck
Groestaen
518
Niederwampach
5
N 874
Mont
498
BENONCHAMPS
Wiltz
Komp
Seitert
Eschweiler
Gueule du Loup
6,5
2
L' Alovi
HARZY
527
Schleif
Grumelscheid
23
WARDIN
la Croix Blanche
Erpel'dange
N 85
Noertrange
NIEDERWILTZ
MARVIE
N 84
537
BRÂS
Saiwé
12
Doncols
BASTOGNE
499
Winseler
425
Le Bouhou
Assenois
Sonlez
29
Lameschmillen
Pommerloch
Hielscheid
Baambo
534
LUTREBOIS
Grossa
Salwâcour
26
ROULLINGEN
458
Noche
15
Berlé
Château de Losange
Tarchamps
6
502
12
Nothum
Hompré
Watrange
497
Harschent
N 4
Lutremange
Harlange
5
2km
VILLERS-LA-BONNE-EAU
110
Haute Sure
Bude
Mecher
15
Bavigne
Trockemillen
Knapp
Kauddorf
Esch-sur-Sûre

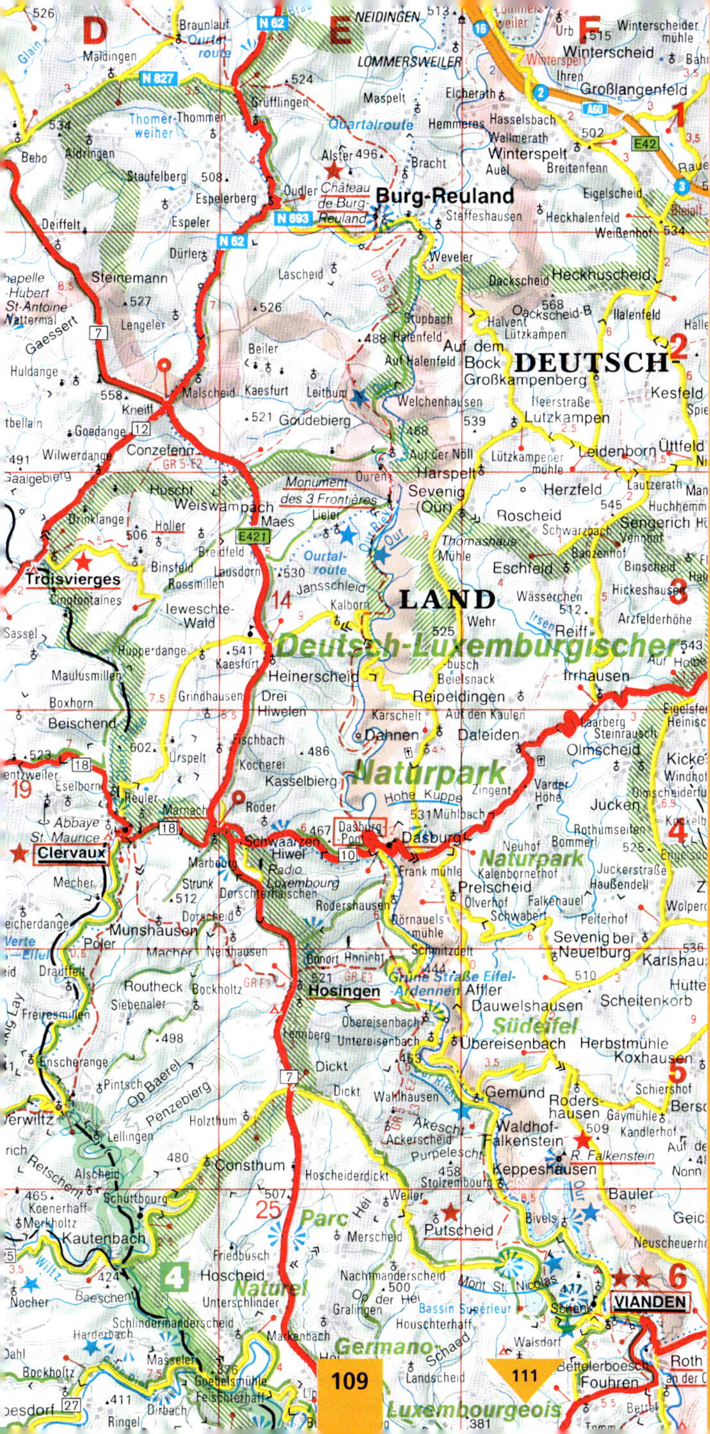
D
E
F
1
2
3
4
5
6
19
14
25
Braunlauf
Ourtalroute
N 62
NEIDINGEN
Lommersweiler
Urb
Winterscheider mühle
Winterscheid
Maldingen
Glain
N 827
524
LOMMERSWEILER
Winterspelt
Ihren
Großlangenfeld
Grüfflingen
Maspelt
Elcherath
A60
534
Thomer-Thommen weiher
Quartalroute
Hemmeres
Hasselsbach
Wallmerath
502
E42
Beho
Aldringen
Alster 496
Bracht
Winterspelt
Auel
Breitenfenn
Staufelberg
508
Oudler
Château de Burg-Reuland
Burg-Reuland
Eigelscheid
Espelerberg
Espeler
N 693
Steffeshausen
Heckhalenfeld
Bleialf
Deiffelt
Weißenhof
534
N 62
Dürler
Weweler
Lascheid
Dackscheid
Heckhuscheid
Steinemann
Chapelle St-Hubert
St-Antoine
Wattermal
527
526
568
Halvent
Dackscheid-B
Ilalenfeld
Gaessert
Lengeler
Stupbach
Halenfeld
Lützkampen
Auf dem Bock
7
488
DEUTSCH-
Beiler
Auf Halenfeld
Großkampenberg
Huldange
558
Malscheid
Kaesfurt
Leithum
Kesfeld
Welchenhausen
Heerstraße
Kneiff
521
Goudebierg
488
539
Lützkampen
Goedange
12
Wilwerdange
Conzefenn
Auf der Nöll
Lützkampener mühle
Leidenborn
Üttfeld
491
Harspelt
GR 5-E2
Ouren
Sevenig (Our)
Herzfeld
Lautzerath
Huscht
Weiswampach
Monument des 3 Frontières
545
Huchhemm
Drinklange
Maes
Lieler
Roscheid
Sengerich
506
Holler
E421
Schwarzbach
Vennhof
Breidfeld
Our-Rieß
Our
Thomashaus Mühle
Banzenhof
Binsfeld
Lausdorn
Ourtalroute
530
Eschfeld
Binscheid
Troisvierges
Rossmillen
Jansscheid
Cinqfontaines
Kalborn
LAND
Wässerchen
Hickeshausen
Iewescht-Wald
512
Wehr
Irsen
Arzfelderhöhe
Sassel
525
Reiff
Deutsch-Luxemburgischer
543
Hupperdange
541
Kaesfurt
busch
Auf Holbe
Maulusmillen
Heinerscheid
Beilsnack
Irrhausen
Grindhausen
Drei Hiwelen
Reipeldingen
Eigelsfen
Boxhorn
Karschelt
Auf den Kaulen
Laarberg
Steinrausch
Beischend
Fischbach
Dahnen
Daleiden
Olmscheid
523
602
486
Kicke
Windhof
18
Urspelt
Kocherei
Eselborn
Kasselbierg
Naturpark
Varder Höhe
Zingent
Olmscheiderfu
Reuler
Hohe Kuppe
Jucken
Abbaye St. Maurice
Marnach
Roder
531
Mühlbach
Kockelb
Clervaux
18
467
Dasburg-Pont
Dasburg
Rothumseifen
525
Schwaarzen
Neuhof
Bommerl
Hiwel
10
Naturpark
Engelsdo
Mecher
Marbourg
Radio Luxembourg
Frank mühle
Kalenbornerhof
Juckerstraße
Strunk
Preischeid
Haußendell
512
Dorschterhäischen
Rodershausen
Ölverhof
Falkenauel
Wolperc
Eicherdange
Dorscheid
Dörnauels mühle
Schwabert
Peiferhof
Munshausen
Sevenig bei Neuelburg
Verte
Poler
536
Eifel
Macher
Neidhausen
Bonort
Hönicht
Schmitzdelt
Karlshau
Drauffelt
521
GR E3
444
Grüne Straße Eifel-Ardennen
510
Hütte
Lay
Routheck
Bockholtz
GR E3
Hosingen
Affler
Scheitenkorb
Siebenaler
Dauwelshausen
Fréiresmillen
Obereisenbach
Südeifel
498
Fennberg
Untereisenbach
Übereisenbach
Herbstmühle
Koxhausen
Enscherange
463
3,5
Dickt
Pintsch
7
Schiershof
Op Baerel
Dickt
Gemünd
Rodershausen
Wahlhausen
Bersc
Penzebierg
Gaymühle
Erwiltz
Holzthum
Akesch
509
Waldhof-Falkenstein
Kandlerhof
Lellingen
Ackerscheid
Auf de
R. Falkenstein
Purpelescht
Retschent
480
458
Keppeshausen
Nonn
Consthum
Alscheid
Hoscheiderdickt
Stolzembourg
Our
Bauler
465
507
Weiler
Koenerhaff
Schuttbourg
Hei
Merkholtz
Parc
Putscheid
Bivels
Geich
Kautenbach
Merscheid
Neuscheuerhof
Friedbusch
Wiltz
424
Nachtmanderscheid
Mont St. Nicolas
Hoscheid
500
Nocher
Baeschent
Naturel
Op der Hei
Schenk
VIANDEN
Unterschlinder
Gralingen
Bassin Supérieur
Schlindermanderscheid
Houschterhaff
Harderbach
Markenbach
Germano
Schaed
Walsdorf
Masseler
Bettelerboesch
Roth an der
Bockholtz
376
Goebelsmühle
Landscheid
Fouhren
Feischterhaff
Dirbach
411
27
Ringel
Luxembourgeois
381
Bettel

111

108
BASTOGNE
Mémorial du Mardasson
MAGERET
BENONCHAMPS
Niederwampach
Schimpach
Derenbach
Groestaen
Mont
HARZY
Komp
WARDIN
Schleif
Grumelscheid
Noertrange
la Croix Blanche
Saiwe
MARVIE
BRAS
Doncols
Winseler
Villeroux
Assenois
Sonlez
Pommerloch
Le Bouhou
Lameschmillen
Hielscneit
LUTREBOIS
Grossa
Tarchamps
Berlé
Nothum
ROULLE
Clochimont
Salwacour
Château de Losange
Hompré
Watrange
Lutremange
Harlange
Lac de la Haute Sure
Harscheid
Mecher
Grandru
VILLERS-LA-BONNE-EAU
Lambertsbierg
Bavigne
Knapp
Kaundorf
Chaumont
Huuscht
Trockemillen Ruines
Sainlez
Livarchamps
Pau-de Harlange
Lac de la Haute Sure
Lultzhausen
Liefrange
Hollange
Schaulsmillen
Baschleiden
Burfelt
Bonnal
Insenborn
Honville
Moulin de Honville
Bichewald
Surré
Flebour
Sûre Rieke
Malmaison
Relber
Neihaff
Dotzebierg
Boulaide
Burnon
Sûre
Auf Berg
Tintange
Hierchen
Neunhausen
Hotte
Straincharmps
Ancien Moulin d'Oeil
Martelinville
Laangert
Misere
Arsdorf
Aetz
Kuborn
Bois Habâru
Herrenberg
Warnach
Sûre Rieke
Bilsdorf
Heispelt
Bratter
Kaalwerbur
Bigonville
Jardin Napoléon
Fauvillers
Fels
Grumelange
Frein
Huuscht
Monument aux Chasseurs Ardennais
Wisembach
Radelange
Kimm
Flatzbour
Koetschette
Wahl
Martelange
Wolwelange
Grousseboesch
Klaus
Rambrouch
Eschette
Martelange
H. Martelange
Goeldt
Folschette
BELGIQUE
Forêt d' Ânlier
Perle
Buuscht
Hostert
Pull
Holtz
Seitert
Vlessart
Roodt
Lannen
Nagem
GRAE E3
Parette
Huuscht
Route Verte Ardennes-Eifel
Petit-Nobressart
Eltz
Colpach-Haut
Bois de la Nasse
Schockville
Nothomb
Ell
Colpach-Bas
Houneg
Jenkenhaff
Attert
Heinstert
Grendel
Attert Rieke
Attert
Post
Luchert
Etang de la Fabrique
Nobressart
Schadeck
Levelange
Habay-la-Neuve
Etang du Pont d'Oie
Château de Pont d'Oye
Pratert
Chapelle de Tontelange
Oberpallen
Beckerich
Metzert
Tontelange
GUIRSCH
Hovelange
Habay
Thiaumont
Lischert
BONNERT
Château de Guirsch
Leitrange
La Sonette
Lottert
Chapelle St-Fériol
Quatre Vents
HECKBUS
Chapelle de Heckbus
FRASSENT
Ancien Moulin de la Gaichel
Gaichel
Hachy
114
HEINSCH
110
VIVILLE
Seimrich
ARLON
FOUCHES
WALZING

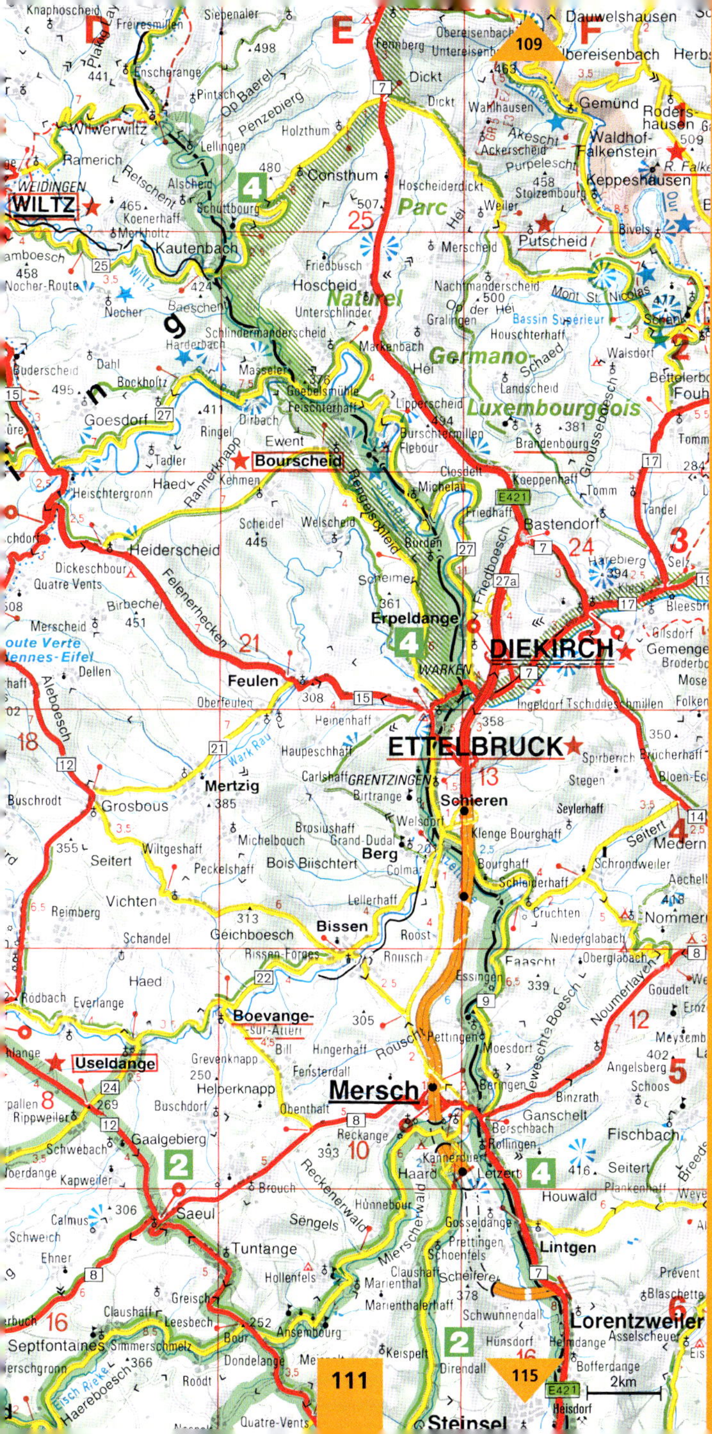

D
E
F
109
111
115
Knaphoscheid
Freiresmillen
Siebenaler
Dauwelshausen
Obereisenbach
Untereisenbach
Fenmberg
Dickt
Plankig
Enscherange
Pintsch
Op Baerel
Penzebierg
Holzthum
Wahlhausen
Gemünd
Rodershausen
Wilwerwiltz
Lellingen
Akescht
Ackerscheid
Waldhof-Falkenstein
Ramerich
Consthum
Hoscheiderdickt
Purpelescht
Stolzembourg
Keppeshausen
WEIDINGEN
WILTZ
Retschent
Alscheid
Koenerhaff
Merkholtz
Schüttbourg
Parc
Weiler
Putscheid
Bivels
Kautenbach
Merscheid
amboesch
Nocher-Route
Wiltz
Friedbusch
Hoscheid
Naturel
Nachtmanderscheid
Op der Hei
Mont St. Nicolas
Nocher
Baeschent
Unterschlinder
Gralingen
Bassin Supérieur
Schank
Harderbach
Schlindermanderscheid
Markenbach
Germano
Houschterhaff
Schaed
Walsdorf
Buderscheid
Dahl
Masseler
Goebelsmühle
Hei
Landscheid
Bettelerbo
Bockholtz
Feischterhaff
Lipperscheid
Luxembourgeois
Fouh
Goesdorf
Ringel
Dirbach
Burschtermillen
Brandenbourg
Grousseboesch
Tomm
Tadler
Ewent
Flebour
Bourscheid
Closdelt
Heischtergronn
Haed
Rannerknapp
Kehmen
Michelau
Keoppenhaff
Tomm
Tandel
Friedhaff
Bastendorf
Scheidel
Welscheid
Renglaschfeld
Sûre
Burden
Friedboesch
Harebierg
Heiderscheid
Selz
Dickeschbour
Quatre Vents
Scheimer
Felenerhecken
Birbechel
Bleesbr
Merscheid
Erpeldange
Gilsdorf
Route Verte
Ardennes-Eifel
DIEKIRCH
Gemenge
Broderbo
Dellen
Feulen
WARKEN
Mose
Aleboesch
Oberfeulen
Ingeldorf
Tschiddesmillen
Folken
Heinenhaff
Hauneschhaff
Wark Rau
ETTELBRUCK
Spirberich
Brücherhaff
Buschrodt
Carlshaff
GRENTZINGEN
Birtrange
Stegen
Bloen-Ec
Mertzig
Schieren
Seylerhaff
Grosbous
Brosiushaff
Welsdorf
Klenge Bourghaff
Seitert
Medern
Michelbouch
Grand-Dudal
Berg
Wiltgeshaff
Seitert
Peckelshaff
Bois Biischtert
Colmar
Bourghaff
Schrondweiler
Aechel
Schlederhaff
Reimberg
Vichten
Lellerhaff
Cruchten
Nommern
Schandel
Geichboesch
Bissen
Roost
Niederglabach
Bissen-Forges
Rousch
Faascht
Oberglabach
Haed
Essingen
Goudelt
Noumerlayen
Rodbach
Everlange
Boevange-sur-Attert
Bill
Rouscht
Pettingen
Moesdorf
Blaaschte Boesch
Hingerhaff
Meysemb
Useldange
Grevenknapp
Helperknapp
Fensterdall
Angelsberg
Schoos
Rippweiler
Buschdorf
Mersch
Beringen
Binzrath
Obenthalt
Reckange
Berschbach
Ganschelt
Fischbach
Gaalgebierg
Schwebach
Rollingen
Kapweiler
Haard
Kannerduerf
Letzert
Seitert
Brouch
Reckenerwald
Plankenhaff
Houwald
Weye
Calmus
Saeul
Hunnebour
Gosseldange
Schweich
Sëngels
Miersch
Mierscherwald
Prettingen
Schoenfels
Ehner
Tuntange
Lintgen
Clausjhaff
Hollenfels
Marienthal
Schéiferei
Prévent
Blaschette
Greisch
Marienthalerhaff
Schwunnendall
Claushaff
Leesbech
Ansembourg
Lorentzweiler
Septfontaines
Simmerschmelz
Bour
Hünsdorf
Helmdange
Asselscheuer
Keispelt
Dondelange
Eis
Dierndall
Bofferdange
Haereboesch
Roodt
Meispelt
Eisch Rieke
Quatre-Vents
Steinsel
Heisdorf
E421
2km

109
Bourscheid
Germano
Fouhren
Roth an der Our
Luxembourgeois
Bettendorf
Erpeldange
DIEKIRCH
Feulen
ETTELBRUCK
Schieren
Mertzig
Berg
Medernach
Bissen
Nommern
Larochette
Boevange-sur-Attert
Heffingen
Mersch
Fischbach
Lintgen
Lorentzweiler
Junglinster
Steinsel
Kopstal
Walferdange
Kehlen
Strassen
Bertrange
Sandweiler
Aéroport Luxembourg
LUXEMBOURG
114
112

D
E
F
DEUTSCHLAND
Südeifel
Nusbaum
Peffingen
Holsthum
Schankweiler
Wolsfeld
Alsdorf
Prümzurlay
Irrel
Ernzen
Ferschweiler
Bollendorf
Bollendorf-Pont
Weilerbach
Berdorf
Consdorf
ECHTERNACH
ECHTERNACHERBRÜCK
Minden
Rosport
Ralingen
Welschbillig
Meckel
Idesheim
Kaschenbach
Niederweis
Eisenach
Gilzem
Menningen
Trierweiler
Girsterklaus
Osweiler
Rodenhaff
Lauterborn
Mompach
Herborn
Bech
Berbourg
Manternach
Biwer
Wasserbillig
Langsur
Mesenich
Igel
Oberbillig
Wasserliesch
Mertert
GREVENMACHER
Betzdorf
Flaxweiler
Tawern
Wellen
Nittel
Onsdorf
Temmels
Wormeldange
Lenningen
Ahn
Wincheringen
Fisch
SAARBURG
Naturpark Saar-Hunsrück
Kahren
Perdenbach
Portz
Echternach
Mullerthal
Route du Vin
Mosel

115

112
114
A
B
C
2km
Redange
Useldange
Boevange-sur-Attert
Mersch
Saeul
Beckerich
Septfontaines
ARLON
Hobscheid
Koerich
Steinfort
Kehlen
Kopstal
Mamer
Strassen
Capellen
Garnich
Bertrange
Dippach
Leudelange
Clemency
Pétange
Bascharage
Sanem
Mondercange
Reckange-sur-Mess
Bettembourg
DIFFERDANGE
ESCH SUR-ALZETTE
Schifflange
Kayl
Dudelange
RUMELANGE
Hussigny-Godbrange
FRANCE
Villerupt
Athus
Rodange
Lamadelaine
Niedercorn
Belvaux
Soleuvre
Ehlerange
Limpach
Pissange
Wickrange
Schouweiler
Sprinkange
Bettange-sur-Mess
Hautcharage
Holzem
Bofort
Helfent
Keispelt
Meispelt
Dondelange
Tuntange
Hollenfels
Marienthal
Ansembourg
Bour
Greisch
Leesbech
Claushaff
Simmerschmelz
Mierschgronn
Kreizerbuch
Gaichel
Eischen
Walzing
Clairefontaine (Bardenburg)
Aechels
Goeblange
Nospelt
Goetzingen
Olm
Kleinbettingen
Hagen
Wandhaff
Sterpenich
Autelbas
Kahler
Grass
Hondelange
Selange
Messancy
Guerlange
Fingig
Petit-Bevange
Grand-Bevange
Kapellebour
Hivange
Dahlem
Wolfsmillen
Rebierg
Ell
Houneg
Jenkenhaff
Levelange
Huttange
Elvange
Hovelange
Leitrange
Noerdange
Kapweiler
Calmus
Schweich
Ehner
Schwebach
Gaalgebierg
Niederpallen
Rippweiler
Reichlange
Rodbach
Everlange
Platen
Haed
Nagem
Eltz
Bill
Hingerhaff
Grevenknapp
Helperknapp
Buschdorf
Oberthal
Fensterdall
Reckange
Brouch
Sengels
Hunnebour
Haard
Bissen-Forges
Rousch
Pettingen
Quatre-Vents
Weidendall
Brameschhaff
Juckelsboesch
Kreizwé
Mimelsraff
Thillsmillen
Bridel
Bamboesch
Lux-Meri/Bertrange
Birel
Ratt
Grevels
Niedert
Findelshaff
Hoën
Lorentzscheier
Oenneschte Boesch
Croix de Cessange
Schlewenhaff
Roedgen
Keisbierg
Kockelscheuer
Bois de Bettembourg
Ehlange
Pontpierre
Abweiler
Bergem
Fennange
Dumontshaff
Huncher
Noertzange
Burange
Budersberg
Gehaansbierg
Tétange
Mine Laangebierg
Lallange
Bruch
Ehlerange
Foussbann
Obercorn
Vesquenhaff
Rédange
Rusange
Thil
Godbrange
B. d. Hussigny
Fond de Gras
Tetelbierg
Zolwerknapp
Aessen
Uerschterhaff
Linger
Bif
Pretemer
Differdange
Saulnes
Lasauvage
Forêt Dom. de Selomont
Grand Bois
la Mine Heydt
Minière
Haedefeldchen
Holleschbierg
Mines Laangegronn
Tiche
Burgronn
Chapelle N. D. au Chêne
Ancienne Abbaye de Clairefontaine
Château-Ferme de Barnich
Château de Guirsch
Chapelle de Heckbus
Ancien Moulin de la Gaichel
Grousseboesch
Haereboesch
Reckenerwald
Mierscherwald
Stroosserboesch
Mamer Rieke
Lamerbierg
Houbierg
Roodt
Heckbus
Weyler
Autelhaut
A6
A4
A13
E25
E44
N4
N882
E411

113
D
E
F
Oberglabach
Scherbach
Noumerlayen
Weydert
Ernzen
Erzerbierg
Steinborn
Goudelt
Heffingen
Breidweiler
Colbette
Marscherwald
Wolpert
Jacobsbierg
Meysembourg
Laangert
Soup
Fuhrels
Kobenbour
Angelsberg
Schoos
Binzrath
Ganschelt
Fischbach
Reuland
Blumenthal
Graulinster
Kreizenbëicht
Altrier
Hersberg
Zittig
Bech
Rippig
Kinsick
Hemstal
Brouch
Bois de-Berbourg
Berbourg
Boudler
Schiltzbierg
Koedange
Haerdgen
Godbrange
Behlen
Radio Luxembourg
Eschweiler
Beidweiler
Boudlerbach
Weydig
Biwer
Breinert
Seitert
Plankenhaff
Weyer
Houwald
Altlinster
Lintgen
Prévent
Blaschette
Junglinster
Dekt
Bois de Biwer
Hagelsdorf
Lorentzweiler
Asselscheuer
Helmdange
Bofferdange
Bourglinster
Imbringen
Eisenborn
Ielzert
Gonderange
Ernster
Rodenbourg
Olingen
Betzdorf
GREVE
Berg
Heisdorf
Engelshaff
Roodt-sur-Syre
Banzelt
Buchholz
Rammeldange
Oberanven
Flaxweiler
Widdebierg
Stafelter
Grengewald
Walferdange
Helmsange
Waldhaff
Senningerberg
Hostert
Mensdorf
Niederanven
Grousseboe
Senningen
Kapenacker
Niederanven/Munsbach
Uebersyren
Krekelsbierg
Berghaff
Beyren
Heienhaff
Cargo Center
Aerogare
Aéroport Luxembourg
Münsbach
Kazeboesch
Schuttrange
Gostingen
DOMMELDANGE
Lux.-Zentr.
Findel
CENTRE EUROPEEN
KIRCHBERG
NEUDORF
Birelergrond
Neiheisgen
Sandweiler
Kaffishaff
Canach
Géier
Wormeldange
CLAUSEN
HAMM
Lux.-Gare
USA
Deutschld.
Schaedhaff
Kuelbierg
Schrassig
Lenningen
Hackenhaff
Braneboesch
LUXEMBOURG
Oetrange
Scheierhaff
Pleitrange
Greiveldange
BONNEVOIE
GASPERICH
Howald
Itzig
Contern
Milbech
Moutfort
Ersange
Medingen
Hettermillen
Palzem
Hesperange
Bricherhaff
Trintange
Heesberhaff
Bois-de-Stadtbredimus
Stadtbredimus
Croix-de Gasperich
Alzingen
Syren
Buchholzerhaff
Buchholz
Roedt
Bous
Herdermillen
REMICH
Fentange
Kircheboesch
Waldbredimus
Heidscheuer
Assel
Rolling
Gondelange
Erpeldange
Hassel
Dalheim
Emeringerhaff
Bivange
Weiler-la-Tour
Roeser
Reckingerhaff
Welfrange
Scheierbierg
Kleinmacher
Berchem
Livange
Crauthem
Filsdorf
Bech
Wellenstein
Brehm
Ellange
Aspelt
Altwies
Mondorf
Schwebsange
Peppange
Frisange
Leymillen
Mondorf-les-Bains
Elvange
Route du Vin
Wintrange
Hellange
Evrange
Frisange
Mondorff
Frohmillen
Remerschen
Hagen
Preisch
Himeling
FRANCE
Weiler
Wintrange
Haute-Rentgen
Emerange
Burmerange
Forêt Domale-de-Zoufftgen
Dudelange-Centrum
Fogelsang Ferme
Halling
Puttelange-les-Thionville
Basse-Rentgen
Esing
Hansensprung
Diedrichshoff
la Donnen
Gandren
Schengen
Sainte Cécile Ferme
ANGE
Dodenom
Rodemack
Beyren-les-Sierck
Contz-les-Bains
Zoufftgen
Roussy-le Village
Breistroff-la
Haute-Kontz
Semming
E25
E29
E44
A1
A3
E421
N 53
D56
Moselle

Im Register sind alle in diesem Reiseführer erwähnten Orte und Ausflugsziele verzeichnet. Halbfette Seitenzahlen verweisen auf den Haupteintrag, kursive auf ein Foto.

Schreiben Sie uns!

Liebe Leserin, lieber Leser,

wir setzen alles daran, Ihnen möglichst aktuelle Informationen mit auf die Reise zu geben. Dennoch schleichen sich manchmal Fehler ein – trotz gründlicher Recherche unserer Autoren/innen. Sie haben sicherlich Verständnis, dass der Verlag dafür keine Haftung übernehmen kann. Wir freuen uns aber, wenn Sie uns schreiben.

Senden Sie Ihre Post an die MARCO POLO Redaktion, MAIRDUMONT, Postfach 31 51, 73751 Ostfildern, info@marcopolo.de

Impressum

Titelbild: Fahnen vor dem Palais Grand-Ducal (T. Gundelwein)
Fotos: Bilderberg: Soriano (96); Clement (2 o.); W. Felk (2 u., 36, 99); Fotex/Imedia (12); T. Gundelwein (14, 22, 30, 38, 40, 42, 76, 86, 105); HB Verlag: Spitta (U. M., 46, 52, 54, 60, 63, 65, 68, 74, 77, 83, 84, 92, 94); I. Knigge (20, 24, 56, 70, 72); La Terra Magica: Lenz (1, 5 r., 6, 7, 9, 44, 59, 89); LVA Luxemburg (17); Mauritius: Vidler (48); H. P. Merten (4, 5 l., 25, 26, 27, 32, 37, 78, 79, 80, 85, 90); Office National du Tourisme Luxembourg (U. l., U. r., 18, 28, 34, 100); O. Stadler (58); R. Villaggi (11)

8., aktualisierte Auflage 2007 © MAIRDUMONT, Ostfildern
Herausgeber: Ferdinand Ranft, Chefredakteurin: Marion Zorn
Redaktion: Nikolai Michaelis, Bildredaktion: Gabriele Forst
Kartografie Reiseatlas: © MAIRDUMONT
Gestaltung: red.sign, Stuttgart

Printed in Germany. Gedruckt auf 100% chlorfrei gebleichtem Papier

Bloß nicht!

Auch in Luxemburg gibt es Dinge, auf die man achten sollte

Mittagspause ignorieren
Zwischen 12 und 14 Uhr mutieren die Luxemburger gänzlich zu Franzosen: Da ist in Behörden, Büros und Banken kein Mensch zu erreichen (wenn man Glück hat, ist wenigstens die Telefonzentrale besetzt), die restliche Belegschaft macht geschlossen Mittagspause, vorwiegend in den umliegenden Bistros, Kneipen und Restaurants. Entsprechend voll ist es dort um die Mittagszeit.

Öffnungszeiten vertrauen
Die Luxemburger haben einen Hang zu komplizierten und öfter mal wechselnden Öffnungszeiten ihrer öffentlichen Einrichtungen (kleinere Museen, Burgen etc.). Auch sind die offiziellen Angaben nicht immer verlässlich – deshalb ist es besser, sich vorher noch einmal zu erkundigen.

In Luxemburg-Stadt zur Stoßzeit unterwegs
120 000 Pendler fallen jeden Tag ins Land ein, da ist vor allem in und um die Hauptstadt zwischen 7.30 und 9 Uhr und 17 und 18.30 Uhr so ziemlich alles verstopft.

Parken in der Innenstadt
Die Parkhäuser in der Luxemburger City sind wochentags so gut wie immer besetzt. Am besten stellen Sie Ihr Auto auf dem Glacis ab (Mo–Fr gebührenpflichtig), einem großen Platz nordwestlich der City, die Sie von dort mit dem Bus oder zu Fuß (zehn Minuten durch den Stadtpark) erreichen. Oder Sie benutzen die kostenlosen Park-and-Ride-Plätze am Stadtrand.

Gedränge
Obwohl Luxemburg kein klassisches Urlaubsland ist, sollten Sie zwischen Mai und August rechtzeitig ein Quartier buchen. Besonders um Echternach, Vianden und an der Mosel wird es bei schönem Wetter vor allem am Wochenende voll. In der Hauptstadt herrscht Gedränge meist unter der Woche, besonders im April, Juni, Oktober, wenn der EU-Ministerrat tagt, und während Messen und Kongressen (Mai/Juni und September/Oktober).

Sonntags nach Luxemburg-Stadt
Der Sonntag ist der ruhigste Tag in der Hauptstadt. (Fast) alle Geschäfte haben geschlossen (die meisten bis einschließlich Montagvormittag!), die Banker und die »Eurokraten« sind im Heimat-Weekend, also haben zu allem Übel die meisten Bistros und Restaurants auch geschlossen. Wenn Sie eine Landpartie machen, haben Sie das umgekehrte Problem: Die meisten Landgasthäuser sind mittags brechend voll, ohne Voranmeldung hat man dann kaum eine Chance.